حسن يحيى

زوجات

للبيع

Zawjat Lil Bay'

Maqalat An al-Mar'ah

Wives For Sale

Articles On Women

HASAN YAHYA

حول المؤلف

الدكتور حسن يحيى كاتب وأديب وعالم ـ أميركي من أصل عربي ، له عدة مؤلفات وعشرات المقالات حول المجتمع والسياسة والنفس البشرية . ألف عددا من الكتب تتضمن أربعة دواوين من الشعرهي : ديوان القدر وديوان بحر الأماني ، ولولاك ورابع باللغة الإنجليزية ، وفي هذا الكتاب يقدم مجموعة مقالات نفسية واجتماعية ، تفيد القراء بما فيها من الخيال الفياض المليء بالحكمة والمرح والفكاهة .

الإهداء

هذا الكتاب رقم 24 في قائمة مطبوعاتي

لذا فإني

إلى نفسي أهدي هذا الكتاب

المحتويات

تقديم

يتضمن هذا الكتاب مجموعة منوعة ترويحية وترفيهية من كتابات المؤلف حول المجتمع والجنس البشري رجالا ونساء وأطفالا. فيقدم الفكاهة مع الغموض مع الدعوة للتفكير فيما يقرأ القاريء . وقد بدأها بمقال طريف حول الحاجة إلى الزوجة وما يريده الزوج منها وقد أعطى الكتاب عنوانه، لما للمرأى من أهمية في الحياة، وأورد بعض القصص حول أنواع العنف ضد المرأة وحول سعادتها وحول المرأة وقراءة الطالع والبخت، بالإضافة إلى شرح عن الأبراج والحب والغرام . وقد ضمنه عددا من القصص القصيرة والنوادر لتضيف المرح والسرور على القراء، ومنها قصص براقع الأسرار والمقعد التركي والخدمات الأميرية، وقصة السكران والجن قصة شمعة الحب . وفي الجانب الجدي ضمن الكاتب مجموعة من المقالات في علم النفس والسياسة والاجتماع مثل: الجنس والمساواة بين الرجل والمرأة، لغة الجسد عند البشر، حول العمر والوقت، وقواعد السعادة، وعن أديان زوادشت وكونفوشيوس، بالإضافة إلى مقال حول مقومات النقد الأدبي، وفن التعامل والسلوك البشري ومؤشرات التوتر والمخاوف العامة، والعقل الواعي واللاواعي في علم النفس، وإشكاليات الحرية وروح القوانين في العالم العربي،

ويفصل المؤلف سيرته ومؤلفاته باللغتين العربية والإنجليزية ، لزيادة المعرفة بين القاريء والمؤلف ، للاستزادة في المعرفة التي يسعى المؤلف لإيصالها إلى القراء بيسر وسهولة في عصر الإلكترونيات والسرعة الذي يتسم به القرن الحادي والعشرون.

وفي رأيي أن المؤلف لن يصل إلى الكمال فيما كتب ، إلا أن اتصالات القراء تكمل ما نقص من جهود ، وكلي أمل أن يفيد الكتاب بما احتواه القراء ، والكمال لله وحده .

د. حسن يحيى

ميشيغان – الولايات المتحدة

يوليو 2009/20

www.hasanyahya.com

زوجات للبيع

من لا يريد زوجة ؟

الدكتور حسن يحيى – خبير في العلاقات الإنسانية

كنا في الثانوية العامة وهي السنة الأخيرة من الدراسة الثانوية ، وكان موضوع الإنشاء موضوعا شيقا ، والشباب تتطلع إلى المستقبل ، وكانت الزوجة في خيالنا لها مكانة خاصة مليئة بالتصورات السحرية البعيدة عن الخيال ، ولكن حين سئلنا لوضع تلك التصورات على الورق فوجئنا بالموضوع ، فلم يعد التصور بعيدا عن الواقع ونحن نشاهد الزوجات سواء كن أمهات أو خالات أو عمات ، أو جارات ، وكان موضوعي قد نال الإعجاب من الزملاء والمدرس الذي أشاد به وما زلت أحتفظ به منذ ثلاثين عاما .

أريدها زوجة لتنظيف البيت ، أريدها زوجة لتحقيق حاجاتي الجسدية ، لتغسل ملابسي ، وتطبخ طعامي ، وتعتني بأولادي ، تجعل البيت نظيفا دائما ، تجمع حاجاتي وتقوم بغسلها وتنظيفها ، تبقيها مرتبة ونظيفة ومكوية ومحفوظة في مكان مناسب أجده بسرعة في حالة الاستعجال حتى لا أتعب في البحث عنها ، أريدها زوجة تجيد عمليات الطبخ وتحضير الموائد ، أريدها زوجة تجيد التخطيط ، زوجة تعتني بي إذا

مرضت وتفهم تقلبات مزاجي ، أريدها زوجة ماهرة في التبضع من الأسواق غير مبذرة لأموالي وراتبي ، أريد زوجة تخفف عني آلامي ، تسليني في أوقات فراغي ، أريدها زوجة ترافقني في رحلاتي وترافق أسرتي وتكون رائدة في تنظيم الخطط لإسعادي وإسعاد أولادي ,تنفيذ تلك الخطط بمهارة وإتقان ،

أريدها زوجة لا ترغمني عل معاشرتها جنسيا كلما اشتهت ذلك ، أريدها زوجة تستسلم لي وتستجيب لرغباتي ، كما وأن تفهم موقفي حين أكون منزعجا أو متعكر المزاج ، أريدها زوجة تتحمل المسؤولية ، تحترم الالتزام بموانع الحمل ، ولا تفاجئني بحمل غير مخطط له ، أريدها زوجة نظيفو روحيا وجسديا على طول المدى ، قلبا وقالبا ، أريدها زوجة مخلصة لي زلعلاقاتي معها ، لا أن تقفز أسوار العفاف في علاقة مع الجار أو أي شخص آخر رجلا كان أم امرأة ، فتطعنني في أعز ما أملك من عزة نفس . أريدها زوجة تحترم مواعيدي وتحترم صمتي إذا صمت وسكت ، تحترم رغباتي فلا تتذمر من سوء أفعالي ، أريدها زوجة تتذكر عيد ميلادي وتقوم بالاحتفال بها وتسجل نجاحاتي ، ولا تزن في إذني في كل وقت هفواتي ، وأخطائي.

أريدها زوجة لا تضايقني بكثرة الشكاوي حول صحتها وواجباتها وعملها ، وتغير مزاجها ، وفراغ أوقاتها ، أريد زوجة تصغي إلى قولي حين أتحدث إليها ، خاصة حين أشرح شيئا أو أصف بعض المنغصات التي تعترض سبيلي ، في الدراسة والعمل والعلاقات مع الآخرين ، أريد زوجة تحرر مقالاتي وتراجعها وتطبعها ، تعيد صياغة ما كتبت وما أكتب ، أريد زوجة تهتم بشؤوني وعلاقاتي مع الناس خاصة حين دعوتهم لحفلاتي وأعياد ميلادي ، تتحدث إليهم بود ومحبة ، وتجعلهم

يقضون وقتا ممتعا ومسليا ، أريد زوجة لا تقاطعني أثناء الحديث ، ولا تتخذ رأيا معاكسا لرأيي ، أو ما أنادي به من أفكار ،

أريدها زوجة تقرأ لأولادي قبل أوقات النوم ، تسهر على راحتهم نهارا وليلا ، تغذيهم برغبة وعدم شكوى ، أريد زوجة تحترم ضيوفي وتكون مضيفة طيعة تعمل في خدمتهم في زياراتهم لي ،

أريدها زوجة تتقن صنع المشروبات لي ، مثل الشاي والقهوة وغيرها مما أحب وأستمتع ، أريدها لطيفو المعشر أريدها زوجة تفهم حاجتي للوحدة ولو ليلة واحدة أكون بعيدا عنها وحيدا ،

أريد زوجة حساسة لحاجاتي الجنسية ، زوجة تتقن المعاشرة الجنسية دون تأفف أو حياء أو تدين ، أريدها زوجة تتعرى تماما حين نلتقي لعملية الجنس ، لا أن تتلفع بملابس تعيق العملية الجنسية والاستمتاع بها ، وأن تخلع ملابسها بغنج ورغبة ، أريدها زوجة تيسر الأمور الجنسية لا أن تزيد من تعقيدها ، وتكون راغبة فيها لا أن تظهر وكأنها تقوم بعمل روتيني لا يستدعي تحضيرا ومزاجا حساسا مليئا بالحب والود والمرح ،

إريد زوجة لا تغضب من سخافاتي بل تسترضيني وتخفف من توتري وغضبي ، أريدها زوجة صافية المزاج دائما لا متقلبة الأمزجة .

أريدها زجة لا تعمل خارج المنزل ، أريد زوجة تقوم بخدمتي بعناية وتحضر احتياجات البيت لي ولأولادي بصدر رحب ، أريدها قادرة على تنويع الطعام واللباس بما لا ينهك ميزانيتي . أريدها زوجة تفهم أنني بشر لي طموحاتي وغرائزي ، وحبي للتغيير ، أريد زوجة تعتني بأولادي إذا غبت عن المنزل لأسباب عملية أو ترويحية ، أو حتى عند انتقالي لحضن امرأة أخرى حسب رغبتي وإرادتي ومزاجي ،

وأخيرا أريدها زوجة لا تغضب إذا قررت يوما أن أنتقل إلى امرأة أخرى للتنوع وكسر الملل ، دون اعتراض منها أو نقد أو غضب أريدها زوجة تتفهم انتقالي لامرأة لها صفات المرأة التي بدأت الزوجة بالتخلص منها أو النفور من ممارستها .

أريدها زوجة كاملة الأوصاف لكل ما سبق ذكره ، عندها أقول : بالله عليكم من من الرجال من لا يريد زوجة بتلك الصفات ؟ زوجات للبيع، فمن يشتري! وليس معنى ذلك أن الأزواج معصومين من البيع أيضا ، للمساواة بين الجنسين . فافهم ذلك!

نبذة حول الكاتب :

ولد الدكتور يحيى عام 1944 في فلسطين ، ودرس في مدارس فلسطين والأردن وجامعات لبنان والولايات المتحدة ، فقد نال درجة البكالوريوس من جامعة بيروت في الآداب ، والماجستير (1983) والدكتوراة الأولى في الإدارة التربوية من جامعة ميشيغان (1988) والدكتوراة الثانية في علم الاجتماع المقارن من نفس الجامعة عام (1991). وله مؤلفات تفوق العشرين كتابا باللغتين العربية والانجليزية ، في مجالات التربية وعلوم النفس والاجتماع والسياسة ، وله أربعة دواوين شعرية وثلاث مجموعات قصصية ، ويعمل بروفيسورا لعلم الاجتماع . وهو من المؤسسين للاتحاد العالمي للكتاب العرب والمسلمين (قيد التأسيس) بمشاركة سلوى لوباني (مصر) ، وألبرت جبارة (كندا).

الجنس والمساواة بين الرجل والمرأة

د. حسن يحيى – ميشيغان

عندما يتشكل الغضب أو تنمو مشكلة أو مجموعة مشاكل تدعو إليه وتوجده فإن فروقا بين الرجل والمرأة في مجالات الجنس والمساواة بين الرجل والمرأة تبدأ في الظهور . وهي حالات نفسية وفسيولوجية يختلف فيها الرجل عن المرآة باختلاف تكوينه خلقا وخلقا. وتعتبر موجة إباحة الجنس قبل نصف قرن أو تزيد ، محاولة يائسة وغير سوية علميا لمساواة الرجل بالمرأة في الغرب ، وتحاول كثير من الأقوام والشعوب في التسابق في هذا المجال الذي ينحرف عما عهد في الأسرة الصغيرة والكبيرة على مر التاريخ ، وهم على غير علم بما وراء طبيعة الخلق للذكر والأنثى أساسا ، أو لما كتب لكل منهما من قدرات جسدية أو عقلية أو عاطفية تكتسي بالمشاعر والأحاسيس. ورغم التقدم المشاهد في هذا المضمار ، إلا أن وضع المرآة ما زال بعيدا أميالا طويلة يستحيل الوصول إليه عمليا وواقعيا ، لسبب بسيط هو ما يعرف بالهدف الرئيسي بين الرجل والمرأة للوصول إلى ما يسمى بالمساواة بين الجنسين. والمعروف علميا في دراسة علوم الإنسان ، أن الرجل في كل زمان ومكان كان وما زال يتصدر المكان الأول في الدين والسياسة والتربية والاقتصاد والطب والمحاماة والهندسة إلى جانب العديد من الحرف والمهن والوظائف الروحية والنفسية والجسدية . ومع بعض الاستثناءات ، نجد أن الرجال منهم القادة والمدراء وأصحاب الحل والعقد في الأسر والحكومات ، ومنهم

صناع الصناعة لما فيه من خدمات للبشر ومنهم من يقف خلف الأمور الفنية في مجالات الصحة والأدوية وما يستعمله الناس في حياتهم مما يبني أجسادهم وعقولهم ونفوسهم وطموحاتهم . ومنهم محركوا القطاعات العامة في كل المجالات العلمية والصناعية والمالية مما يتبع علوم الطبيعة في الأرض أو في السماء.

وبناء على ما سبق يرى الناس (رجالا ونساء على حد سواء) أن المركز الاجتماعي للرجل والمرأة يمثل التابع والمتبوع إلا ما ندر في بعض الحقب التاريخية قبل التاريخ ، واليوم نرى ونلاحظ أن لكل من الرجل والمرأة وجهة نظره وعقيدته أو تصوره نحو نفسه ونحو غيره ، وينطبق هذا على عملية الجماع والمعاشرة الجنسية حيث ما زالت النظرة العلوية لعلاقة الرجل والمرأة كطبق فوق طبق لا طبق مقابل طبق. فالرجل هو المبتديء بالعلاقات الإنسانية عاطفية كانت أم اجتماعية ، فهو الذي يعرض على الفتاة فيما يعرف بالخطبة وهو المتقدم لطلب يدها للزواج ، وهو الذي يتحمل العناء والمسؤولية ويتكفل بالصرف عليها خلال فترة الزواج أو خارج الزواج ، بما يعرف بالحلال والحرام في الأديان . ففي حالة ما قبل التاريخ كانت المرأة تعمل جنبا إلى جنب مع الرجل ، حيث لم يكن يعرف الإنسان الفروق بين مهمات الرجل وما يقوم به ومهمات المرأة وما تقوم به . حيث إن أعمالهم كانت محدودة للحفاظ على بقاء النوع دون معرفة أو فلسفات حول الدور الأول والثاني في المجموعات البشرية القديمة . فكانت في تلك الأوقات تملك حرية الاختيار في المعاشرة الجنسية دون تحديد لمركز اجتماعي فهي مساوية له ، حيث إن فكرة التمييز بينها وبين الرجل لم تكن واضحة أو غير هامة في نظرهما . لذا فالمرأة كانت مساوية للرجل وكانت تعرض نفسها عليه أو على غيره ممن تحب وتشتهي ، بمثل ما كان يعرض نفسه عليها أو على غيرها ممن يحب ويشتهي. وكانت المعاشرة الجنسية تحقيق لرغبات جسدية لا يستطيع المرء كتمانها فيسعى لتحقيقها عن طريق إرضاء تلك الرغبة خاصة في فترة المراهقة وما بعدها التي قد تطول وقد تقصر عند كل من الرجل والمرأة . وعلى عكس ما هو معروف اليوم من عرض الرجل نفسه على المرأة فهي تستقبل عرضا يقدم إليها ، فتنظر فيه وتقلبه من عدة

13

جوانب إنسانية وجسدية وعاطفية ، وإن كانت ترضى أو لا ترضى ، فإن رضاها أعلى احتمالا من عدم رضاها ، لأنها تشعر بمركزها الحرج في مجتمعها الصغير كعضو في الأسرة أو مجتمعها الكبير كعضو في مؤسسة أو مصنع أو وزارة أو مجال .

قبل نصف قرن أو تزيد قليلا أو كثيرا حاولت النساء أن تغير من مركزها الاجتماعي فيما يعرف بحركة النساء ، بعد أن تقدمت علما ومعرفة حتى تساوت مع الرجال ، وحاولت العودة بالتاريخ إلى فترة ما قبل التاريخ حيث إن تقسيم العمل والمسؤوليات والواجبات لم يأخذ اهتماما كبيرا . وكانت ظاهر تلك الحركة الجانب الجنسي وليس الجوانب الإنسانية الأخرى كالعدالة في المعاملة والمساواة في الحقوق والواجبات وعدم التفرقة في القدرات إذا أتيحت للقادرين والقادرات ، وكان محور رسالة النساء في تلك الحركة المناداة بأنها تملك جسدها ، وأنها حرة في إباحة استعمال ذلك الجسد أو منع استعماله . مطالبة من الرجال الذين كانوا سعداء لذلك القرار فقفزوا على الموجة ينادون بتلك الرغبة الجامحة لممارسة الجنس دون حدود ورقابة من الأهل والحكومات . وهل يريد الرجال غير ذلك من النساء حتى وإن لم يعلنوا عما يبطنوا ، فذلك أمر يزيد من عبودية المرأة كعضو دوني في المجتمع ، فانحرفت المرأة عن الطريق الواجب عليها اتباعه لتحقيق المركز الذي تسعى إليه من مساواة بالرجل في الأعمال والجوائز من الرواتب والتقدير كعضو لا يقل أهمية عما يقدمه الرجل للمجتمع .

وفي البداية حاول الرجال المحافظون التقليديون أسريا وثقافيا ممن تعدوا البلوغ بسنوات عديدة، حسب العادات والتقاليد ، حاولوا الوقوف أمام تلك المطالب النسوية وقادوا مقاومة شرسة ضد تلك المطالب التي نادت بها ثورة الحريم في أمريكا الشمالية ودول أوروبا : فرنسا، ألمانيا، إيطاليا ، وبريطانيا. وقبلها بأربعين عاما أي في عام 1920 كانت هناك ثورة نسائية أيضا غي الولايات المتجدة الأمريكية ، وكانت لها مطالب مخالفة لثورة الستينات من القرن الماضي ، فقد كانت تهدف إلى مشاركة المرأة في قانون الانتخابات وفتح مجال الإنتخاب في وجهها لتشارك في وضع السياسات التي تهم الرجل والمرأة على حد

سواء وهو أكثر حكمة من الثورة الجنسية من النواحي الاجتماعية والأخلاقية.

ولم تأت ثورة الجنس في أوروبا وأمريكا الشمالية من فراغ ، فهي مرتبطة ارتباطا وثيقا بالسحر والسحرة ، حيث ظهرت بعض الكتابات الداعية إلى إباحة الجنس بين الشباب البالغين في قصص خيالية سارحة بعيدا في متاهات السحر والخيال ، مما أعطى الرجل والمرأة القوة والعزيمة للمناداة بحرية الجنس ليس بحسب القواعد التي كانت متبعة قبلا مما يعرف من تقاليد حسب الأصول الأخلاقية الأسرية المرعية ، بل إباحة الجنس خارج نطاق الأخلاق الذي تحكمه مؤسسة الزواج . وتبع تلك الثورة من تبعها لأغراض متنوعة وركب الموجة من أراد فأشعلها نارا وابتعد في وصف مميزاتها عن حدود المعروف من المعقول ، فأصبحت الأفكار خيالية لدرجة الذهول ممن يقولوها أو يسمعوا بها ، فكانت من نتائج تلك الثورة ، نبضات تدعو إلى الجنس مع المثل ، وتعدد الاختيارات مع الشريك الواحد أو الشركاء في العملية الجنسية ، وأصبح العري والعهر وتعذيب النفس البشرية من خلال عبادة الجسد تفوق ما توقعه المنادون من رواد تلك الثورة حيث كان من نتائجها زيادة تحقير المرأة وليس زيادة مواساتها ، وسمي الانحراف فنا محترما وعملا تختاره النساء وخاصة صغيرات السن منهن كدافع للانحراف والشهرة وجمع الأموال ، وجلبت ما لم يكن متوقعا من استعباد جديد للمرأة بطرق جديدة مبتكرة من خلال الإعلام الموجه ووسائل الأخبار . وتعرضت الصحة البشرية للخطر بما يسمى مرض الأيدز الخطير الذي يهدد الرجل كما يهدد المرأة والأطفال . وفي نظرة سريعة على مدى حجم الوباء الذي يحمله الأيدز فإن هناك 25 مليون من البشر ماتوا من المرض منذ أن اكتشف لأول مرة عام 1981 ، أي عشرين عاما مما عرف بثورة الجنس حيث كانت العذرية وصمة عار في أوروبا وأمريكا الشمالية . ونظرا للعلاقات الجنسية خارج نطاق مؤسسة الزواج فقد وجد 11.6 مليون يتيم في أفريقيا ، ومع نهاية عام 2007 حققت النساء أخيرا إحدى مطالب ثورتها الجنسية في المساواة مع الرجل فكانت نسبة النساء المصابات بمرض الأيدز مساوية للرجال 50/50% ، حتى أنها فاقت نسبة الرجال في بعض أجزاء من

أفريقيا حتى وصلت 59 % في عدد الإصابات بمرض الأيدز. أما الشباب الذين تقل أعمارهم عن 25 سنة فيمثلون نصف المصابين بذلك المرض . ولم تستطع المصانع ولا الأبحاث في صناعات الأدوية أكثر من تقديم الخدمات الطبية والوقائية والدوائية إلى أقل من ثلث المصابين منهم (31%).

فالثورة الإباحية للمعاشرة الجنسية لم تصل إلى مبتغاها فبعد أن كانت الفتاة تشعر بالإحراج للحفاظ على عذريتها ، خرجت ثورة مضادة من المحافظين والمحافظات على التقاليد والأخلاق يعززها ما حققه مرض الأيدز من نتائج مبهرة وانتشار معاشرة المثل بين مجموعات النساء ومجموعات الرجال وكثرة جرائم الأقارب من أنصاف الآباء والأمهات تجاه أطفالهم بالتبني أو من خارج عقود الزواج ، والمتاجرة بأجسادهم في أسواق الدعارة عبر الحدود . وعاد الناس والمرأة خاصة بالعودة إلى قواعد الصحة والتسك بالأسرة ، ولكن الثورة حققت بعض أهدافها ، حيث تغيرت النظرة الدونية للمرأة وتحس وضعها الاجتماعي وزاد عدد النساء المشاركات في تولي المراكز الحساسة كالرجل تماما ولكن بنسب مختلفة ليست كما يجب ، وتتراوح بين 1 إلى 20 في بعض المجتمعات المتخلفة التي وقفت ضد الثورة الجنسية وقاومتها بالأديان والعقائد والتقاليد ، وبين 1 إلى 10 في الدول المتقدمة التي احتضنت الثورات الجنسية وشجعت عليها.

فهل تريد المرأة في بلاد العرب والمسلمين تقليد الغرب فيما سعت النساء إليه من إباحة الجنس وتقليل قيمة الزواج والأسرة فيما يسمى بالحرية والمساواة للمرأة أم يريدون التمسك بأخلاقيات العقائد الدينية وما يقره الذوق السليم من احترام المرأة في المعاشرة الجنسية والصحة النفسية ؟ أعتقد أن الأمر كله في يد المرأة العربية المسلمة وهي حرة في اختيارها ، واعتقد أن ذلك من العدل أن يقال في نهاية هذا المقال .

حسن يحيى – ميشيغان

يوليو 18. 2009 الساعة الثالثة والنصف بعد منتصف الليل.

نبذة حول الكاتب :

ولد الدكتور يحيى عام 1944 في فلسطين ، ودرس في مدارس فلسطين والأردن وجامعات لبنان والولايات المتحدة ، فقد نال درجة البكالوريوس من جامعة بيروت في الآداب ، والماجستير (1983) والدكتوراة الأولى في الإدارة التربوية من جامعة ميشيغان (1988) والدكتوراة الثانية في علم الاجتماع المقارن من نفس الجامعة عام (1991). وله مؤلفات تفوق العشرين كتابا باللغتين العربية والانجليزية ، في مجالات التربية وعلوم النفس والاجتماع والسياسة ، وله أربعة دواوين شعرية وثلاث مجموعات قصصية ، ويعمل بروفيسورا لعلم الاجتماع . وهو من المؤسسين للاتحاد العالمي للكتاب العرب والمسلمين (قيد التأسيس) بمشاركة سلوى لوباني (مصر) ، وألبرت جبارة (كندا).

www.hasanyahya.com

قصة السكران والجن

الدكتور حسن يحيى

سكران عائد بعد ليلة سكر طويلة ، شرب فيها حتى نسي اسمه ، فقام يتمشى الهويني عائدا إلى بيته وفي يده باقي قنينة من الويسكي ، فتخيل أنه يرى خاروفا في الطريق ، ولم يصدق عيناه ، فالخروف كان يخرج صوتا غريبا وكأنه ديك وليس خاروف ، ففكر في اقتناص الخروف أو الغوال وهو يمني النفس في لحم شهي له ولزوجته التي تنتظره على أحر من الجمر ، والظنون تسير بها شكالا ويمينا حول سلامة الزوج . وحاول الزوج أن يشد الخروف من قرنيه بقوة حتى يسير معه إلى منزله ولكن الخروف كان قويا ، فحمله الرجل على كتفه وسار عائدا إلى بيته . فاستقبلته الزوجة ولم يكن يحمل الخروف كما كان يعتقد ، ولكنه كان يرتجف هلعا وخوفا وهو يقول لها. دثريني دثريني ، وبعد أن عملت له القهوة وقذف ما في بطنه من خمور ، حكى لها حكاية الخاروف الجني الذي يتحدث وقد وعده بأن زوجنه ستحمل ولدا إذا نام معها الليلة ودخل بها الدخول الشرعي. ولكن الخروف

18

الجني قال له أيضا أن الولد الذي ستحمل به الزوجة ليس من صلبه ولكنه من صلب رجل آخر يختبيء في الخزانة أو تحت السرير. فغزعت الزوجة وغضبت لسوء تفكير زوجها بها ، واتهامها بشرفها وصاحت في وجهه: أنك سكران يا حمدان . ليس هناك أحد في الصندوق ولا في خزانة الملابس . أنت سكران يا حمدان ولهذا أنت تتصور أشياء غير صحيحة . وأصر الزوج على البحث عن الرجل النائم تحت السرير فوجد رجلا جميل الطلعة ينضح وجهه بالشباب والنضرة ، فهم بقتله ولكن الرجل صاح قائلا : لقد جئت مع شخص آخر ، وهو الذي نام مع زوجتك وما أنا إلا مرافق له. فقام الزوج إلى خزانة الملابس وفتح بابها بقوة وهو يشعر بحنق شديد ، فوجد الخاروف الذي فقده . فقال الخروف:

- ألم أنقل إليك الأخبار السعيدة عن حمل زوجتك ؟ يجب أن تكافئني على ذلك . أو أكافؤك أنا على سكوتك .
- وبما ذا تكافؤني ؟ قال الزوج وهو يطمع في الحصول على بعض المال . فقال الخروف:
- سيدفع هذا الرجل الذي كان تحت السرير مبلغ مائة دولار في كل مرة تجده تحت السرير. فماذا تقول؟ وأخرج الرجل من جيبه ورقة المائة دولار وحركها في الهواء ، فحاول الزوج خطفها ولكن الرجل أعادها إلى جيبه كلمح البصر ، فخاف الزوج أن يخسر الصفقة فنظر إلى الخاروف قال موجها كلامه إليه :
- هل المائة دولار تدفع كل ليلة ؟
- نعم كل ليلة تجد هذا الرجل ينام تحت سرير زوجتك يعطيك مائة دولار ز فقام الزوج بحسبة بسيطة في نفسه لصوت غير مسموع يقول::
- كل ليلة مائة دولار، في الشهر ثلاثة آلاف دولار وفي السنة 36500 ستة وثلاثون ألف دولار ، فسأصبح غنيا في سنة

واحدة ، وفي سنتين سيكون معي مبلغ 73000 ثلاثة وسبعون دولاراً ، ثم توقف برهة يريد أن يعلن موافقته على كلام الخاروف ، فالتفت إلى الرجل فلم يجد أحدا ، وأعاد النظر إلى جهة الخاروف فمل يجده مكانه ، فصاح صيحة أفاقت زوجنه من نومها وهي تقول له:

- اسم الله عليك ، كأنك كنت في كابوس يا حمدان ، ولكنه قفزمن مكانه كالمجنون أو كمن لسعته أفعى ورمى نفسه على الأرض ينظر تحت السريرفلم يجد أحدا ثم التفت إلى خزانة الملابس فقام واتجه نحوها لفتحها يريد التأكد من أنه كان كابوسا وليس حقيقة . وما أن فتح باب خزانة الملابس حتى صعق بما رأى. وفي اليوم التالي خرجت الأخبار الصحفية وأجهزة التلفزة بالعنوان التالي:

- زوج يقتل زوجته وعشيقها ذبحا من الوريد للوريد دفاعا عن الشرف.

حكايات عن الكلاب

الدكتور حسن يحيى

الحكاية الاولى

واحد انزعج من كلبه فقام بقتله حيث دس السم له مع الأكل ،
وليتفاخر بما عمل نشر خبر ما فعل لأصحابه في العمل فقام
أحدهم واتصل بجمعية الرفق بالحيوان ، وجاء البوليس فاقتاده
للتحقيق ثم حكمت المحكمة قرارها بحبسه تسعون يوما لعدن
قدرته على دفع غرامة مالية قدرت بألف دولار.

الحكاية الثانية

انزعج أحد السائقين في الطريق السريع من أحد السائقين وكانت امرأة تسوق سيارتها وفي حضنها كلبها المدلل ، وتوقف السير قليلا لسبب ما ، فنزل السائق في السيارة الخلفية وتقدم من السيدة التي تحمل كلبها فخطفه منها ثم قذف به إلى الضفة الأخرى من الشارع ، فاتصلت السيدة بالبوليس وجنعية الرفق بالحيوان وعممت أوصاف المجرم في حق الكلب والسيدة المسكيية ، وبعد ساعة تم القبض عليه وتم سجنه أسبوعا ودفع مبلغ الغرامة 500 دولار.

الحكاية الثالثة

قام شخص متهور يقود سيارته بسرعة فدعس أحد المارة الذي فقد حياته فورا ، فتم حبس السائق شهرا واحدا وتغريمه ثمن إشارة المرور المكسورة . مقارنة بالقصتين السابقتين فإن قتل النفس البشرية أرخص من المعاملة القاسية للكلاب . وهذا من الأمور التي لا يستطيع فهمها كثير من الناس أصحاب الأديان السماوية .

لغة الجسد عند البشر

اعتاد كثير من الناس وخاصة في بلاد العالم الثالث الفقيرة أن يستعملوا إشارات معينة بأيديهم ووجوههم وأرجلهم وعيونهم وحواجبهم وبأصابع أيديهم للتعبير عما يقولون لزيادة فهم ما يقصدون . فهل راقب أحدكم نفسه يوماً ليعرف كيف يستعمل أعضاء جسده ليعبر مع كلامه أثناء التواصل مع الآخرين؟ حيث إن كل شخص يجلس بطريقة معينة ، كوضع رجل على رجل أو يهز رجله يمينا أوشمالا أو خلفا وأماما، و يتصنع بابتسامة مختلفة، ويقوم البعض بالتعبير بنظراته وحواجبه والبعض الآخر بيديه، لتتحول كل إشارة إلى رسالة مبطنة   من يراها يقوم بتحليلها كما يفهم منها ، حيث أن كل حركة أو إشارة معنى أو معاني تكون أعمق من الكلام أحياناً، يتلقاها الآخر لا شعورياً فيبادر ويحكم ويكتشف شخصيات من حوله، بناءً على إحساس داخلي لا يعرف في غالب الأحيان تحديده أو شرحه أو معرفة مصدره إلا أنه حدس يصدق. أما السبب، فهو أننا نولد مع مقدرة فطرية لقراءة لغة الجسد، إلا أن اعتمادنا على الكلام يمنعنا من تنميتها فيصبح التركيز

على الحديث هو الأولوية بالنسبة إلينا. إلا أن لغة الجسد عالم يستحق أن نسعى لاسترجاع مقدرتنا على فك رموزه وإليكم بعضها.

- إن رفع الحواجب وفتح العيون تعبيران يدلان على الدهشة لما يرى الرائي ،

- كثير من الناس يستعملون إصبعا واحدا أو إصبعين أو اليد كلها بالأصابع الخمسة ، أو اليدين معا للتعبير عن أولا وثانيا وثالثا في الحديث التفصيلي.

- يفتح البعض فمه واسعا ، أو يضحك بصوت عال أو يبدي استغرابا لما يرى .

- بعض الناس يقف أو يجلس مكتوف اليدين فيرسل بذلك 'شارة تعبر بحركته هذه أنها إشارة تبعد الآخرين عنه. لأن وضع اليدين هكذا ما هو إلا عبارة عن رغبة بخلق حاجز لمنع التواصل .وهذا الحاجز لا يكسره عادة إلا من يملك ثقة كبيرة بالنفس ولا يخيفه احتمال الصد أو الرفض من قبل الشخص المكتوف اليدين .

- وغير ذلك الكثير من الحركات لكل منها معنى خاص بها.

قصة التركي والمقعد

يحكى أن مقعدا كان في الحديقة العامة مقابل قسم البوليس في أنقرة ، تركيا وكان أحد رجال البوليس يحرس المبنى . وحصل أن البلدية أرادت أن تقوم بتدميل الحديقة ومنها دهن المقاعد ومن ضمنها المقعد المقابل لمركز البوليس ، وبعد عملية الدهان طلبت البلدية من رجل البوليس أن يقوم بتنبيه الناس بعدم الجلوس على المقعد حتى لا تتلوث ملابسهم . وفعلا قام رجل البوليس بعمله خير قيام ، وبعد أن انتهت ورديته في العمل أوصى من استلم منه بأن يقوم بمنع الناس من الجلوس على ذلك المقعد ، وبعد ثلاثة أشهر مر سائح أجنبي وما أن وصل إلى المقعد وكان السائح متعبا ، حتى رمى نفسه على المقعد ليرتاح قبل متابعة تجواله ، فجاء رجل البوليس الواقف أمام المخفر وطلب من السائح عدم الجلوس على المقعد حسب الأوامر العسكرية . فلم يقتنع السائح وكان بروفيسورا في دراسة الشعوب وعاداتها ولم يسبق له أن سمع بقصة هذا المقعد ، فقام يريد اكتشاف أمر المقعد فهو رجل يحب استكشاف العادات

الغريبة عند الشعوب ، وله أبحاث عدة في هذا المجال ، فقام عن المقعد واتجه إلى داخل مركز البوليس يسأل حول الأوامر العسكرية التي تمنع الجلوس على المقعد وما وراءها . وبعد عدة أسئلة قام أخيرا بمقابلة رجل البوليس الذي أعطى الأوامر فعتذر للسائح وابتسم في وجهه ثم قال:

- هذا خطأ غير مقصود ، فمنذ ثلاثة أشهر قامت البلدية بتجميل المكان ودهن المقاعد ، وخدمة للجمهور وحتى لا يجلس أحد على المقعد وهو ما زال مدهونا ، طلب المهندس مني أن أقوم بتنبيه الناس لعدم الجلوس على المقعد لأنه مدهون . وطلبت من الشخص الذي استلم مني أن يقوم بتنبيه الناس بذلك دون أن أبلغه عن السبب ، وكان كل رجل بوليس يأخذ الأمر على محمل الجد فيبلغ من يستلم منه ذلك الأمر ويقوم بتنفيذه بحذافيره زنسي الأمر ولكن رجال البوليس أخذوا الأمر بجدية واعتقدوا أنه أمر عسكري فكان ما كان .

قصة براقع الأسرار

قصة البراقع والزوج المبهور بالبراقع وما تخفيه من أسرار هي قصة حقيقية جرت حوادثها في بلاد مشهورة بلباس البراقع لإخفاء الوجوه والهوية النسائية ، وكثيرا ما تكون لابسات البراقع شريفات عفيفات ، ولكن البعض اليسير من النساء أو الرجال يقومون باستعمال البراقع لتحقيق أهدافهم الانحرافية عن السلوكيات والأخلاقيات العفيفة التي تتبعها معظم لابسات البراقع ، وهذه قصة حدل هذه الانحرافات ، فيحكى أن زوجة تحتمي بالبرقع وتدافع عن لباسه كعنوان للشرف والكرامة وحسن الدين ، وكانت على علاقة مع شاب أصغر من زوجها تعرفت عليه في إحدى زيارات التسوق الأسبوعية التي تقوم بها ، وبعد عدة لقاءات وبناء على إلحاح من الشاب لاقتناص فرصة ليكونا وحيدين دون عزول، كانت تدخل الغرفة الخلفية للمحل ويتعانق العشيقان ، ولكن لا يستطيعان الوصول إلى النشوة الجنسية المبتغاة من اللقاء ، فتذمر الشاب وتمنى أن يطول اللقاء ، ففكرت في طريقة جهنمية

رائعة لملاقاة العشيق في بيت الزوجية، فاقترحت على العشيق أن يلبس برقعا ليبدو كامرأة ، وبعد تحديد الوقت المعين ، جاء العشيق ودخلا إلى غرفة نوم السيدة المبرقعة التي كانت تنتظر بفارغ الصبر ، فنال وطره منها وسبحا في بحور العسل واللذة ، ونعما بالإثم مرة بعد مرة حتى تعبا ، وبينما هما جالسان يسمع صوت من وراء الباب يقول :

- دستور ، خذوا طريق . وكان الزوج يريد الدخول ومن الأدب أن يعلن قدومه لتكتسي النساء في داخل البيت احتراما للعادات والتقاليد ، ففتحت الزوجة الباب وهي رابطة الجأش وقالت للزوج:
- ألم تر الحذاء النسائي في الخارج ؟ عندي صيوف ، إذهب وغب عن البيت نصف ساعة أخرى حتى تنتهي الزيارة. فقال الزوج :
- نصف ساعة لا تكفي ! سأغيب ساعة كاملة حتى تأخذوا راحتكم . وحمل الزوج نفسه وارتد إلى حيث كان يقضي وقتا ممتعا مع عشيقته التي تسكن قريبا في الحي وكان في سيارته برقعا يلبسه عادة عند زيارة عشيقته هو الآخر . ولم يفطن أن ما يقوم به من إثم يقام في بيته بين زوجته وعشيقها وفي غرفة نومه وعلى سريره .

قصة الخدمات الأميرية

في إحدى الدول التقليدية المتأخرة قامت البلدية بإحداث شارع للعامة وتزفيته ، وقام التلفزيون بنشر خبر الشارع الحديث الذي يربط أجزاء المدينة ، وقام وفد من الصحفيين يشكرون الأمير على بعد تصوره وحسن إدارته وخدمة شعبه ، ولكن لم تدم فرحة الناس طويلا ، فقد فوجيء الناس وبعد كيلو متر واحد بتوقف بناء الشارع الذي انتهى العمل به ثم تم إغلاقه بالبراميل لانتهاء المشروع . وبعد التحقق من الأمر ، وجد الناس أن قصرا لأحد الأمراء كان قد بني في تلك المنطقة ، وقد كان تزفيت الشارع بناء على رغبة الأمير حتى يصل قصره حدود قصره بسهولة. فقام الناس بشكر الأمير مرة أخرى على قطع الشارع وقالوا أنه عمل جليل قد تم للحفاظ على البيئة الأسرية التي تتهددها الحضارة بوجود الشوارع التي ستسمح لمخلي الآداب والمجرمين حرية الإيذاء للحي وأهل الحي. عجبي !

العمر والوقت والسعادة

هل استعملت الرياضيات في فهم الحياة وأوقات السعادة فيها ؟ إذا لم تستعملها من قبل فهذا المقال يستنهض فكرك ويزيد من نشاط خلايا عقلك ، ويزيد من احتمالات فهمك للحياة والسعادة والموت والتعاسة . وبما أن العمر يحدد كيف يخنبر الناس الوقت ، فعلى القاريء فوق العشرين يبدأ بملاحظة بدء السنين بالقصر مع أن السنين لا تتغير في الطول . وذلك أمر معروف ، وما على الملاحظين إلا أن يدونوا با ختصار ما حصل حول كل شخص تحدثوا إليه أو صادقوه أو قرأوا عنه. وعادة ما يبدو أن السنين تمر سريعة كلما تقدم العمر ، وحسابيا يمكن فهم ذلك ففي السنة الخامسة أو السادسة من أيام الطفولة تبدو السنة وكأنها لا تنتهي . وفي الستين تبدأ السنون بالامتزاج فلا تفرق بين السنة السابقة والسنة التي تليها ، حيث يكون من الصعب فصلها عن بعض لتحركها وتداخلها السريع .

ولعل هناك تفسيرات لما يحصل عند المتخصصين في المعرفة فإذا عاش الأنسان خمس سنوات فقط مثلا فإن كل سنة تمثل 20% بالمائة من عمرك ، ولكن بالنسبة لمن يعيش خمسين عاما فإن نفس السنة تساوي 2 % بالمائة من حياة الشخص فقط ،

وبما أن الإنسان يعيش السنوات بطولها فإن هذا العنصر الحسابي يجعل من الصعوبة رؤية السنين سنة بعد أخرى خلال حياة الإنسان . حيث إن الخبرة البشرية تزيد كما تتزايد مدارك الإنسان العقلية مما يسمح له بالتفسير للأحداث والأشياء في تعاقبها ويعيد تحليلها سببا أو نتيجة ليصل إلى كنهها وفهمها . لذا فإن نظرة الأطفال إلى الوقت ليس لها معنى أو قيمة فهم يلعبون طيلة الوقت دون ملل أو كلل، بينما يشعر المتقدمين في السن بأن الدقيقة التي تمر لن تعود وأن العد التنازلي قد بدأ ، لذا تراهم يتأففون لسرعة مرور الأيام والسنين فيأسفون على مضيها بسرعة فائقة اتجاه النهاية . لذا فهم بعكس الشباب مثلا ، الذين لا ينظرون إلى السنين نظرة أبناء الستين ، ولا يتصورون أنهم سيبلغوها ، فهم مشغولون باقتناص فرصها حتى لا تفوتهم ، بينما حقق المتقدمون في العمر ما سعوا إليه واختبروا كل ما مضى من علاقات مع البشر في مجال الأسرة والعمل والسياسة واللهو والانحراف والاستقامة فأصبحوا خبراء في حساب الوقت وتقييمه ، لأنهم يشعرون أنه لن يعوض فيشعرون بقيمته فيرونه غير كاف أو غير مرئي لسرعته .

وبما أن العمر يمثل وقتا ، فإن السعادة نسبية عند البشر رجالا ونساء ، سواء أكانوا يسبحون في بحر العمر العميق الذي لا تبدو شواطؤه للعين المجردة ، أم كانوا يقتربون من خط النهاية وهم يلهثون بعد أن قطعوا شوطا كبيرا من الحياة . والسعادة لا يمكن تعريفها بتعريف محدد ، فهي ليست مادة ترى بطول وعرض وارتفاع ، وليست بشكل لترى مربعة أو مثلثة أو دائرية ، كما أن السعادة ليست مذاقا فتكون حلوة مرة ومالحة أو حامضة مرة ثالثة ، وليست للسعادة صفة ملونة فتبدو حمراء أو زرقاء أو صفراء ، فلها أسس معقولة حسب فهمها وتقديرها وهي تعتمد اعتمادا كبيرا يكاد يصفها بدقة بالغة فيما قد أسميه التصور أو التخيل أو الإحساس الذي الشعوري الذي ليس له

لون مغين ولا شكل معين ولا طغم معين ، وإنما هي مزيج من ذلك كله . فاسعادة تتناسب مع ذلك التخيل والتصور المشاعري للإنسان حسب جتسه وعمره ومعرفته وخبراته خلال السنين الطويلة في مقتبل العمر أو القصيرة في السن المتقدم .

حسن يحيى – ميشيغان -17 - يوليو 2009 الساعة الواحدة بعد منتصف الليل.

نبذة حول الكاتب :

- ولد الدكتور يحيى عام 1944 ودرس في مدارس فلسطين والأردن وجامعات لبنان والولايات المتحدة ، فقد نال درجة البكالوريوس من جامعة بيروت في الآداب ، والماجستير (1983) والدكتوراة الأولى في الإدارة التربوية من جامعة ميشيغان (1988) والدكتوراة الثانية في علم الاجتماع المقارن من نفس الجامعة عام (1991). وله مؤلفات تفوق العشرين كتابا باللغتين العربية والانجليزية ، في مجالات التربية وعلوم النفس والاجتماع والسياسة ، وله أربعة دواوين شعرية وثلاث مجموعات قصصية ، ويعمل بروفيسورا لعلم الاجتماع . وهو من المؤسسين للاتحاد العالمي للكتاب العرب والمسلمين (قيد التأسيس) بمشاركة سلوى لوباني (مصر) ، وألبرت جبارة (كندا) .

www.hasanyahya.com

الديانة الزراداشتية

وجدت في القرن السادس قبل الميلاد من قبل نبي فارسي في نفس العصر الذي عاش فيه بوذا في الهند ، وكانت الديانة الرسمية للامبراطورية الفارسية حتى قضى عليها الأسكندر الأكبر في عام 330 ميلادية ، وقد قيل لو أن القرس هزموا الاسكندر لكانت أوروبا والغرب كلها تابعة للدين الزراداشتي.

وقد غلب عليهم الإسلام في القرن السابع للميلاد ، وانتشر التابعون لها في البلاد ويقدر عددهم في هذه الأيام 115 ألفا يقيمون حول بومباي في الهند . بالإضافة إلى 7000 بعيشون في الولايات المتحدة .

كانت الديانة الزرادشية أول من قامت بنشر أسس وتعاليم قدرة الفرد العقلية والجنة والنار والبعث (يوم القيامة) للجسد وخلود الحياة بعد اتحاد الروح والجسد. وهذه الأسس أصبحت معروفة كعناصر العقيدة عند البشر فيما بعد في الأديان السماوية الثلاث : اليهودية والمسيحية والإسلام.

وتسمى الديانة الزرادشتية المثنوية أيضا ، فهناك الله الحي (أهورا مازدا) الخالق وله ولدان أحدهما اختار الخير والثاني اختار الشر (أنغرا مينيا- أهريمان)، وهو يمثل الطمع الهدام والغضب والظلام (وهو الشيطان في الأديان الأخرى). وفي النهاية في عام 2600 ميلادية

سينتصر الخير على الشر وتقوم القيامة حيث يبعث من في القبور وتكون الجنة على الأرض.

ويدعى كتابهم المقدس زند أفيستا أو أفيستا زرادشت ، وتنتقل الرهبنة عندهم بالوراثة ،ويؤمنون بعبادة النار المقدسة التي يشعلوها في معابدهم ، ويقوم رجل الدين بأعمال السحر والشعوذة ومعرفة الغيب . وعلى كل رجل أن يختار بين الخير أو الشر و فإذا اختار الخير طريقا فإنه سيذهب بعد الموت إلى حياة الخلود في الجنة ، وإذا اختار الشر ، فإنه سيذهب إلى النار ، ورغم العذاب تبقى هناك فرص لهرب الروح منها ، إذا استطاعت التحرر بشكل جديد. ولهذا لها تأثير على الديانات الإسلامية والمسيحية واليهودية من حيث الاعتقاد بالألهة والجنة والنار ويوم القيامة .

وحسب الديانة الزرادشتية تعتبر الشمس والأرض مقدستان لدرجة أن الجسم البشري الميت (المدنس) لا يجوز دفنه في باطن الأرض. والباقون من تابعي هذه الديانة في بومباي يضعون الميت على ثلاثة أبراج للصمت ، توضع في حديقة على التلال ، حتى تتحلل الجثة وتتآكل ، وبما أن الموت يسببه الشر ، فإن الجثة الهامدة تعتبر شرا.

<u>نبذة حول الكاتب :</u>

- ولد الدكتور يحيى عام 1944 ودرس في مدارس فلسطين والأردن وجامعات لبنان والولايات المتحدة ، فقد نال درجة البكالوريوس من جامعة بيروت في الآداب ، والماجستير (1983) والدكتوراة الأولى في الإدارة التربوية من جامعة ميشيغان (1988) والدكتوراة الثانية في علم الاجتماع المقارن من نفس الجامعة عام (1991). وله مؤلفات تفوق العشرين كتابا باللغتين العربية والانجليزية ، في مجالات التربية وعلوم النفس والاجتماع والسياسة ، وله أربعة دواوين شعرية وثلاث مجموعات قصصية ، ويعمل بروفيسورا لعلم الاجتماع . وهو من المؤسسين للاتحاد العالمي للكتاب العرب والمسلمين (قيد التأسيس) بمشاركة سلوى لوباني (مصر) ، وألبرت جبارة (كندا) .

الطريقة الكونفوشية؟

الكونفوشية في الأصل ليست ديانة وإنما هي طريقة تهذيب وسلوك للعيش في هذه الحياة ، لذا لها أثر كبير على حياة الناس في الصين ، حتى أنها تؤثر على سلوك الحكومة والتعليم والسلوك المثالي وواجبات الإنسان تجاه المجتمع .

لا يوجد كنيسة ولا رجال دين في الديانة الكونفوشية ، ولا توجد تعاليم لعبادة الله أو الألهة ، كما لا إيمان بالبعث بعد الممات ، وتعتبر الديانة الكونفوشية فلسفة حياة وليست ديانة كالبوذية مثلا .

أسسها في الصين كونغ فوتز ، أو السيد كونغ ، المعروف بكونفوشيوس بين 551 – 479 ميلادية . وقد أراد كونفوشيوس أن يكون رجلا سياسيا كرئيس وزراء ولكنه فشل في مسعاه ، وأخذ على نفسه أن ينشر الأخلاق والسلوك المهذب بين الناس ، وقد كان بعد مماته أعظم الشخصيات في الصين . ونال من الشرف بعد وفاته ما لم ينله في حياته . وقد أمرت الحكومة الشعب أن يعبد كونفوشيوس ، وأطلقت عليه اسم أحد المساعدين لتوطيد الواجبات للجنة والأرض . وقد تم الاعتراف بتعاليمه إلى جانب القانون الصيني الذي وجد قبله بسبعمائة عام في سنة 210 قبل الميلاد .

وكانت الطريقة التي يتم الوصول بها لرضا الله أو الألهة هي السلوك الحسن المهذب مع الأسرة والجيران والمجتمع بشكل عام ، فإذا تصرف الإنسان وتهذب سلوكه فإن الله سيرضى عنه .

ويؤكد البعض أن الكونفوشية ليست ديانة في الحقيقة لأن مؤسسها كان فيلسوفا ذي أخلاق حميدة أسس طريقة للتعامل بين الصينيين كبشر ، وكان رجل سياسة ومربي ولم يكن هو نفسه متدينا ، وأن أفكاره وتعاليمه كانت فلسفة أخلاقية ، سياسية وتربوية وليست دينية .

ويمكن تلخيص كل تعاليم كونفوشيوس في كلمة واحدة هي : "جين" وتعني الفضيلة الاجتماعية . وهي مجموعة الفضائل والمروءات التي تساعد على حفظ الانسجام والسلام بين أفراد المجتمع من خلال الإحساس الجماعي والحب والإخلاص والاحترام ، والتضحية وحب عمل الخير ، وكلها تضمها كلمة جين .

أما القاعدة الذهبية عند كونفوشيوس فهي "ما لم تحب أن تعمله لنفسك لا تعمله للآخرين" . و "الأذى الذي يأتيك من عدوك يجب أن ترده بمزيج من الحب والعدل."

وأما الفضائل العالمية فهي

1. الحكمة ومعناها أن تحب كل الناس ،
2. المعرفة وهي أن تتعرف على جميع الناس.
3. والفضيلة الكاملة وهي الجاذبية والكرم الروحي والطيبة .

قال كونفوشيوس : لضائل الرجل ثلاث خصال:

خصلة حبه للجنة وخصلة حب الرجال العظام وخصلة الكلام الموزون ، وحين تعبد الله عليك بالشعور بتواجده الفعلي أمامك أي وكأنه موجود .

وقد أكد كونفوشيوس على الشخصية الفريدة المعتمدة على نقاء الفؤاد والسلوك قولا وعملا . وطلب من الناس أن ينموا الشخصية الطيبة أولا ، التي لا تقدر بثمن ، وهي الجوهرة التي تفوق كل الفضائل.

إن طبيعة الرجل عند كونفوشيوس هي الطيبة وعلى الفطرة متجهة لعمل الخير ، وكمال الطيبة يمكن توفره في المدرسين والعلماء ، وعلى كل رجل أن يحاول الوصول إلى المثالية التي تقود لفضائل الحياة . ولا يتم ذلك إلا ببناء الشخصية النبيلة ، وبالقيام بواجباته بإخلاص ودون أنانية وبشكل حقيقي وبحسن نية ، فإذا قام بهذه الواجبات كان الرجل شهما . وهو الرجل المتمسك بالفضائل، أما الرجل الذي لا يقوم بواجباته فهو رجل مادي يسعى لخدمة نفسه فقد . وما عاش لمن عاش لنفسه فقط . والقائم بالواجب حسب الفضائل أعلاه يكون عدلا ومن لا يقوم بواجباته على أساسها فإنه يتوقع مردودا لقيامه بالواجب ، للأول الكرامة والنبل والتمجيد والاحترام والتواضع بينما الثاني يعد سخيفا ومزعجا ومتكبرا وغير مأمون على أموال الناس.

مقومات النقد الأدبي

يحتاج الناقد مهارة في تحديد عناصر ومقومات الأدب عند نقد قطعة نثرية أو شعرية أو حتى لوحة زيتية . وقد اتفق كثير من القاد على أن مقومات هذه العناصر أربعة ، وهي : العاطفة والخيال والمعاني والأسلوب . فإذا خلا النص من هذه العناصر أو بعضها فإن النقد الأدبي اعتبر النقد جزئيا ولا يعتد به إلا في مجاله، ويتعرض كثير من النقاد لعنصر العاطفة فقط في عمل أدبي سواء أكان ذلك العمل نثريا أم شعريا . ولا بد للناقد أن يكون واعيا لعنصرين يعكسان روح العصر الذي قيل فيه النص أو كتب ، وهما عنصر الزمان ، وعنصر المكان ، ويضاف إليهما ثقافة الأديب ونفسيته وغرض نصه . ونحن على علم بأن أغراض الشعر تختلف في عصر ما عن غيره من العصور ، كما تختلف الأغراض عند الأديب الواحد ، وإذا كان الشعر

38

انعكاس لنفسية الشاعر ، وأحاسيسه ، فإنه يكون أيضا انعكاس للحالة النفسية التي يمر فيها الشاعر فتصف حاله المتأملة أو اليائسة ، المتفائلة أم المتشائمة ، فهو مرة شاعر بالتحسر والأسى لفقد حبيب ، ومرة أخرى بالشوق والحنين للقاء حبيب ، ومرة ثالثة بالوصف الدقيق لما حوله من جمال لبيئة طبيعية أو بشرية ، ومرة رابعة بالمدح تكسبا أو عرفانا بالجميل ، ومرة خامسة بالعتاب وطلب الصفح ، ومرة سادسة بالغضب فيهجو بلسان سليط ، وهو أي الأديب يمزج عاطفته بالخيال في كل ما سبق . وتعتبر العاطفة أكثر الميزات ظهورا في الأدب . وتكون مرتبطة نسبيا بالموضوع التي يتناوله الأديب ، وقد تكون العاطفة جياشة فيصف الأديب المشاعر الحزينة أو المرحة أو الحماسية لتضيف عاملا في إقناع القاريء بصدق عاطفة الشاعر وصدق ما يصف . أما الخيال فهو المحرك للعاطفة ، وهو يمدها بالصور والتصورات التي يعبر عنها الأديب ، ولا تكون هناك عاطفة بدون خيال أو تخيل . أما المعاني فهي أساس لكل أنواع الأدب ما عدا الموسيقى . وتظهر أهمية المعاني فيما تدل عليه ، خاصة في مواضيع الحب والحكم والمواعظ والأمثال الشعبية والحماسة والفخر والذم ، ويكون للمعاني ودلالاتها أهمية خاصة في التعبير . وهي تزيد من الصورة جمالا أو قبحا حسب الغرض في النص ، وقد يكون المعنى على شكل تشابية أو جناس أو طباق أو تورية . أما الأسلوب فهو نظم الكلام وطرائق تأليفه فهو وسيلة للتعبير عن الآراء والأفكار والمشاعر ضمن خطة تظهر سلاسة الأسلوب وترتيب الأفكار وهو فن قائم بنفسه . وله عناصره ، ولا يكون للعناصر الأربعة قيمة إلا باجتماعها في النص الأدبي لأن عناصر الأدب تؤثر ببعضها البعض . فتزيدها رونقا وبهاء وحسن تعبير . وتنحصر العاطفة الأدبية في الشعر مثلا حسب النقاد العرب الأوائل في أربعة قواعد وهي :"الرغبة ، والرهبة ، والطرب ، والغضب " فمع الرغبة يكون المدح والشكر وطلب الأمان ، ومع الرهبة يكون الاعتذار والاستعطاف والولاء ، ومع الطرب يكون الشوق ورقة النسيب والنشوى الشاعرية والتغزل ، ومع الغضب يكون الهجاء والوعيد والعتاب والانتقام . وهذ الوصف يراعي ما يشعر به الأديب لا ما يشعر به المستمتعون بقراءة الشعر ولا بسامعيه .

نقد العاطفة: ولكن كيف تقاس العاطفة في قطعة أدبية أو عمل أدبي ؟ وعلى ماذا يعتمد النقاد في نقدهم؟ قيل إن الصحة والاعتدال أمران لازمان في العاطفة ، عاطفة الشعر أو عاطفة الأدب النابعتين من التشاؤم لا تكون عاطفة صحيحة . وإنما عاطفة مريضة ، والشعر الجيد هو الذي يثير العواطف بقدر ويبينها بعمق . لأن المغالاة والكذب في العواطف يدمران الشعر والأدب . أنظر إلى شعر أبي الشمقمق حيث يصف حال نفسه ، فهو لا يملك شيئا في الحياة وجسمه اضمحل حتى لم يعد يظهر خياله على الأرض لشدة نحول جسده ونحافته، ويتمادى في الوصف حتى أن فقره يعطيه الحق في أن يأكل أولاده ، فيقول:

أنا في حال تعالى الله ربي أي حال

ليس لي شيء إذا قيل لمن ذا؟ قلت: ذا لي

ولقد أهزلت حتى محت الشمس خيالي

ولقد أفلست حتى حل لي أكل عيالي

وقال دعبل الخزاعي من شعراء القرن الثالث الهجري أن الفطيم يشيب :

لقد عجبت سلمى وذاك عجيب   رأت بي شيبا عجلته خطوب

وما شيبتني كبرة غير أنني   بدهر به رأس الفطيم يشيب

والأمر الثاني اللازم لقياس العاطفة هو القوة والحيوية: وهي تهيج العاطفة والمشاعر . وكلما زادت القوة في قطعة شعرية أو نص أدبي نثري وزادت حيويتها كانت القطعة قريبة من الكمال في الأدب . ومنه الإيحاء الذي يؤثر في العاطفة فيكون منها عاطفة حنان ، أو عاطفة جمال ، أو عاطفة إعجاب ، أو عاطفة اشمئزاز وكراهية ، ويختلف الناس في أذواقهم وطباعهم وأمزجتهم ، ونظرا لهذا الاختلاف لا

يمكن أن يكون هناك مقياس واحد للعاطفة في الشعر والأدب، فمن النقاد من يعطي الصدق والاعتدال أهمية خاصة ، ومنهم من يركز على القوة والحيوية في النص الأدبي النثري أو الشعري . ومما يزيد من قوة العاطفة عند الأديب طبيعته القوية في إثارة مشاعر الناس وصفتها حسن التعبير ودلالات المعاني وقوة الخيال . كما تعتمد قوة العاطفة على قوة الأسلوب وسلاسته وجمالياته ، فهي مدخل لإثارة العواطف ووضوح المعاني . وقد يعالج الأديب المعاني فيعبر عنها ويوصلها للناس ولكنه لا يستطيع نقل عاطفته ومشاعره إلا بقوة الأسلوب وسلاسته. كما تقاس العاطفة بمدى استمرارها ودوامها وبقاء أثرها بين السامعين . ولحسان بن ثابت شعر يهجو فيه بني عبد المدان لتفاخرهم بطول القامة عند أفراد عشيرتهم ، وإن كانت تلك الصفة مستحسنة في الخلقة ، إلا أنها إذا زادت عن اللزوم استدعت الهجاء والأمثال الشعبية التي تصفها ، ما زال البيت يستعمل حتى يومنا هذا ، يقول فيه:

لا بأس بالقوم من طول ومن عظم   جسم البغال وأحلام العصافير

ومن الأمثال الشعبية يقول الناس: "كل طويل لا يخلو من الهبل" ، أو "الطول طول نخلة والعقل عقل سخلة" ، ولم ينج قصر القامة أيضا من التندر والأمثال . والعنصر الرابع لقياس العاطفة هو خصوبة العواطف وتنويعها : ولا تعني شهرة الأديب أنه خصب العاطفة ، فهناك عوامل أخرى ، وتظهر هذه الخصوبة عند كتاب الروايات والدراما ، فما يكتبونه لا يعبر عما في نفوسهم ولا عما في عواطفهم الشخصية فحسب ، وإنما يعبر عن أشخاص يمثلون جوانب الحياة ونشاطاتها ، وهذا يحتاج إلى تنويع للعاطفة بالإضافة إلى غزارتها ويكون الأديب على اطلاع ومعرفة واسعة بطباع الناس واختلاف أمزجتهم ، وطرق حياتهم وتصرفاتهم . أما العنصر الخامس فهو صدق المعاناة لغرابة الأفكار عند الكاتب أو شخصياته ، والأدب هو تفسير للنواحي الحياتية ، ودفع للمجتمع نحو تغيير تقاليده واتباع سبل جديدة في النظر إلى مقومات الحياة الإنسانية . ومثال على ذلك ما كتبه طه حسين في "دعاء الكروان" حيث يدعو من خلال القصة إلى

الاهتمام بالمرأة ومشاعرها وقراراتها ، ويصف إحساس المرأة بالانتقام ، وقدرتها على اتخاذ القرار بذلك ، فينعكس الانتقام إلى حب ، وفي القصة التي كتبها يحيى حقي "قنديل أم هاشم" تتنازع الطبيب العائد من أوروبا عاطفة حب الناس من خلال تقديم العون والمساعدة بعلمه في الجامعات الأوروبية في مجال طب العيون ، كما تتنازعه عاطفة السخط على ما يعتقده الناس من قدسية الزيت الذي يشعل قنديل أم هاشم والذي كان سببا في فقدان العديد لقدرة البصر نظرا لاستعماله . ويحاول جاهدا أن يجد طريقة ترضي الناس البسطاء بما اعتقدوا من قدسية زيت القنديل وبين ما يرضيه شخصيا باستخدام علاجه الحديث . وقد استطاع يحيى حقي كطه حسين أن يوفق بين العاطفتين . وكلاهما كان عالم اجتماع استطاع وصف مشاعر فئات متفاوتة في العمر والبيئة الاجتماعية والثقافة والقدرة على معاركة الحياة ، فبدون هذا التعمق في بواطن الأمور وأغوار النفس البشرية لا تظهر حقيقتها ، فالأديب واسع المعرفة والخبرة والترحال ، كمن ذاق كل طعم وتعلق من كل شيء بسبب وتذرع بالصبر والحكمة وطول النفس في معالجة الأمور .

كما تقاس العاطفة في العمل الأدبي بنوعها ودرجة رفعتها أو انحطاطها: ولا يتفق النقاد في قياس هذه الصفة ، فلكل منهم منظاره ، فإذا كانت العاطفة سامية ، فمن وجهة نظر من؟ وإن كانت وضيعة ، فمن وجهة نظر من ؟ وليس للأخلاق دخل في الحكم على العاطفة الأدبية ، وما نقصده هنا هو ما يمس جوانب الحياة ويساهم في ترقيتها ، فالشعر الذي يشكو الحياة ويصف آلامها ويتغنى بالحب وأفراحه أو يبكي من آلام الهجر والنأي ، ويتشاءم من فرص الوصول إلى المبتغى ، هو أدب أخلاقي من وجهة نظر قائله . وقد يختلف النقاد من وجهة نظرهم ، فالعواطف التي تتصل بحياة الناس وسلوكهم أرقى من العواطف التي تثير لذة الحواس . والأدب الراقي هو الأدب الذي يدفعنا إلى الحياة الراقية كما يصورها الأديب . وللأدب الراقي صفة أخلاقية تثير المشاعر الصحيحة وليس المشاعر الخادعة. وحسب هذا الكلام فليس الفن من أجل الفن يكتب ، وإنما يكتب ليحرك في الجمهور المشاعر الصحيحة ويؤدي هدفه الذي يرمي إليه .

وليس للأديب وظيفة سوى وصف جوانب الحياة الإنسانية وشرح تعقيداتها ، فهو يعرض الطبيعة الإنسانية بما فيها من خير أو شر مرة ، وبما فيها من شهوات حادة أو معتدلة ، مرة أخرى وهو لا يتقيد بقيود الأخلاق . فالأدب انطلاق من معاقل العبودية للأخلاق ، والقيم السائدة ، لأن المبتكرين يخرجون على الواقع المعاش ويعيشون في الخيال والمتوقع وهما صفتان لتغيير الواقع والرقي بالإحساس إلى مراتب عليا جديدة في نكهتها وشكلها وطعمها وجمالها .

الخيال: هو الأساس في بعث العاطفة وإثارتها لدى القراء والقارئات ، فوصف زلزال لا يوحي بالعاطفة ، وإنما تصوير مواقف يحاول الناس تخليص أنفسهم من مآزق الزلزال فيها عاطفة تشد الجمهور للتعاطف مع أشخاص الرواية . فوصف الناس وهم تحت الأنقاض ، أو وصف عمليات إنقاذهم من تحت الدمار تزرع العاطفة وتزيد المشاركة في الإحساس بها . وقد يؤدي التمادي في الخيال إلى الوهم ، والخروج من دائرة الواقع الإنساني وخبراته الحسية . و يكون التصور في النص الأدبي بربط شيئين واقعيين نراهما فرادى ولا نتصورهما معا ، أو ربط ثلاثة أشياء حقيقية في صورة خيالية ، كما كانت الآلهة الذين صورها الأدباء القدامى فنصفهم العلوي له رأس رجل من بني آدم والنصف الآخر جسم حيوان له أجنحة يطير بها . ومنه تصوير أسنان الجميلات باللؤلؤ والمرجان ، والشفاه بالعناب والخدود بالتفاح ، والنهود بالرمان والزنود بقصب السكر . وهذا ما يطلق عليه بالخيال الخلاق الذي يؤلف بين مناظر مختلفة في صورة جديدة . ومنه قول جرير من العصر الأموي:

إن العيون التي في طرفها حور   قتلننا ثم لم يحيين قتلانا

ومنه ما قاله الأعمى التطيلي وهو من شعراء الأندلس :

ضاحك عن جمان -- سافر عن بدر

وقول أبي الفرج الوأواء الدمشقي من شعراء العصر العباسي:

وأمطرت لؤلؤا من نرجس وسقت وردا وعضت على العناب بالبرد

ويؤثر الخيال في العقل والعاطفة معا فيجعل الجمهور مرتبطا بما يقرأ ، متمتعا بما يتصور فيربط بين الدوافع ونتائجها ، وبين الأسباب ومسبباتها . وللخيال الأدبي ارتباط كبير بالعاطفة ، وكلما كانت العاطفة قوية كلما احتاجت إلى خيال قوي يؤدي إليها ويصب في جداولها . أما العنصر الثالث من مقومات النقد الأدبي فهو **عنصر المعاني:** وقيمة المعاني في الأدب ليس لها حدود ، والغرض من إيراد المعاني هو جلب الحقائق أولا لا جلب المتعة واللذة ، فالمعاني تؤدي المعنى أولا وتخبر بالحقائق ، ومن صفات المعاني أن تكون: دقيقة ، غزيرة ، فياضة ، واضحة . لتسهيل فهمها على الناس ، وعلى الأديب أن يكون ماهرا في معرفة ربط المعاني بالعاطفة والخيال حتى يؤثر في الجمهور القاريء أو السامع ، وإلا بقيت كتاباته سردية جامدة لا حياة فيها ، فمهمة الأديب ليست تعليم الحقائق وإنما الانتفاع بالحقائق المعروفة لتهييج عواطف الناس . وجعلهم يشعرون بها بشكل قوي جديد لم يكن معروفا من قبل . فالانفعالات النفسية من محبة وكراهية وغضب ، تحدث كل يوم ، ولكن أثر هذه الانفعالات على شخصية محددة في القصة أو الرواية يجعل منها صورة جديدة للشخصية يتعاطف معها الناس .

وآخر عناصر النقد الأدبي هو **الأسلوب:** وهو اختيار الكلمات وطريقة نظمها معبعضها البعض لتعطي معنى مفهوما دون توعر أو ثقل يمنع انسياب الحروف والكلمات بأسلوب فريد سهل . فالسجع والمحسنات البديعية كانت أسلوبا استعمله الأدباء في فترة تاريخية معينة، والأسلوب يتبع روح العصر، فالأسلوب السهل الذي غلب على أدباء العصر الأندلسي في البيئة الطبيعية ببساتينها وأشجارها وأنهارها يختلف عن الأسلوب الجزل الجاف لأيام الصحراء ورمالها وحياة البداوة الصعبة القاسية فيها . والأسلوب الحماسي له ألفاظه ومعانيه، والأسلوب الوعر الألفاظ له خاصية يتميز بها . ونخلص في هذا المقال إلى أن ارتباط عناصر الأدب الأربعة العاطفة والخيال والمعاني والأسلوب ، وامتزاجها مع بعضها البعض في عمل أدبي

يعد من الأسس النقدية لذلك العمل الأدبي ، وقد يطغى أحدها على الأسس الأخرى بالنسبة لموضوع الأدب كالشعر والنثر أو الرواية ، إلا أن الأعمال الأدبية الخالدة لا تخلو من تمازج هذه الأسس وتناغمها معا كمعزوفة موسيقية تمتزج فيها آلات الناي والعود والقيثارة لتخرج للسامعين لحنا يؤثر في عواطفهم فيطربهم أو يحزنهم أو يبكيهم أو يجعلهم يتحسرون على ما مضى من عمر . وفي الختام نقول إن موضوع الأدب هو الحياة الإنسانية ، وهو يشمل ما نفكر به وما نترجمه من أفعال وتصرفات ، وكل ما يفعله الإنسان أو يقوله أو يفكر فيه هو من مواضيع الأدب . ولا أدب بدون عاطفة . ولا عاطفة بدون خيال ، ولا خيال ولا عاطفة بدون معنى دلالي أو أسلوب شيق يربطها معا في بناء متكامل مترابط من الواقع والمتصور ، فالأدب الجامد هو علم بلا عاطفة، والفرق بين العالم والأديب هو أن العالم يلاحظ الظواهر من حوله ويستكشف قوانينها وعلاقتها بالأشياء الأخرى من حولها والظروف التي تكتنفها. بينما الأديب يلاحظ الأشياء من حيث علاقتها بعواطفه وطبيعته الأخلاقية فيقوم بوصفها بقالب خيالي وأسلوب عصري يوحي بالعاطفة فيرقى بالناس إلى ما هو أفضل حياة وما هو أرقى مشاعرا وما هو أزكى إحساسا.

askdryahya@yahoo.com

****

www.hasanyahya.com

U R 2 Nice T B 4 go 10

****

قصة شمعة الحب

الحب هو المكان والزمان ومقياسه القلب.

عندما يجد الانسان الحب الحقيقي فان رابطة مقدسة تربط بين الحبيبين. وللاحتفال بذلك الحب على الأحبة الاستعداد لتحضير شمعة الحب. فما نوعية هذه الشمعة ؟ وما قصتها؟ وقصة شمعة الحب تعود الى التراث الاسكتلندي والايرلندي حيث ظهر كتاب الظلال عن الساحرات في القرن التاسع عشر.

اذا أراد العشاق أن يصونوا عهد الحب بينهم وبين حبيباتهم. فما عليهم الا أن يشاركوا الحبيبة بحبة تفاح حيث تؤخذ تسع حبات بذور من داخلها وتوضع في مغلف يغلق باحكام. ويضعها العاشق تحت المخدة عند النوم في الليالي الثلاث الأولى حين يبدأ القمر ببناء نفسه. فاذا نمت بهدوء وبدون أحلام مزعجة. عليك باكمال العملية وذلك بالاستمرار في وضع المغلف تحت المخدة. وفي ساعات النهار ابحث عن شمعة واختر لها علاقة ذات ألوان جميلة وفريدة تسر النظرين

اليهما. أغمض عينيك وحاول أن تصف الحبيبة بكل ما أوتيت من حكمة وابتكار. في الليلة السادسة افتح الغلاف وضع بذور التفاح التسعة في ترتيب كما تشاء بجانب الشمعة وعلاقتها. ثم حضر قليلا من الزيت النباتي وبعض اغصان الشجر الصغيرة وقلايتان صغيرتان. تأكد من عدم وجود دخلاء حولك وحاول أن تعمل كل هذا وأنت وحدك حتى لا يقاطعك أحد. ضع قليلا من الماء في احدى القلايتين. وسخنه قليلا حتى يدفأ. ثم ضع قاعدة الشمعة في الماء الدافئ.وانتظر حتى يصبح الشمع طريا تدخل فيه بذور التفاح بسهولة ويسر. أدخل كل بذرة من البذرات التسعة في الشمعة واحدة بعد أخرى حتى تنهي البذرات التسعة وتضعها في الشمعة. واذا كانت الغرفة باردة والشمعة قاسية. ضع الشمعة مرة أخرى في الماء الدافئ حتى تلين لوضع البذرات. ثم حاول وضع الشمعة وهي لينة في حاملها أو المقبض الذي حضرته للشمعة. وانتظر حتى تبرد الشمعة وتلتصق بالمقبض . خذ الاغصان الصغيرة وضعها في الزيت النباتي في القلاية الثانية. وامسح بها الشمعة. ثم خذ الشمعة والمقبض وضعهما في خزانة أو مكان مظلم أمين والشمعة واقفة. اضئ الشمعة كلما لزم الأمر مثلا اذا كان الحبيب غائبا أو في خطرأو كان غاضبا منك أو كان غير سعيد معك. وستكون الشمعة برهانا لحبك الذي لا ينطفئ وسيظل حبك مشتعلا في قلب الحبيب. ولا تجعل أي شخص آخر يشعل الشمعة بعد أن تضعها في المكان المخصص لها فهي رمز حبك . فاذا حصل واطلع أحد على ما تقوم به فقم فورا بمزج البذور في الشمعة وابدأ في التحضير لعمل شمعة أخرى.

أسطورة طائر العنقاء

هل سمعت عن طائر العنقاء؟ في الهند بلد الثلاثة آلاف لغة ودين نسمع كثيرا عن العنقاء وتناسخ الأرواح. والعنقاء من المستحيلات الثلاثة (الغول والعنقاء والخل الوفي) كما صورها بعض الحكماء. وصفة العنقاء حسب الهنود أنه طير يعيش خمسة آلاف سنة. ولكنه يموت عدة مرات ويعود الى الحياة في كل مرة حيث أن لديه المقدرة كلما مات بنى نفسه من عظامه من جديد وبقي في الغيوم ما يقرب من خمسمائة سنة قبل أن ينزل على الأرض مرة ثانية ويضع لنفسه عشا فوق شجرة نخل في الجزيرة العربية. وتقول القصة أن الشجرة تحولت الى شجرة مر وكمون لها رائحة حسنة ومن هذه الشجرة حصل الطائر على المادة التي تعطره وتزيد من جماله عند ما يحرق نفسه ويموت. وتقول الأسطورة عن الطائر أنه في مصر وفي معبد الشمس بالذات يقام احتفال لاستقبال طائر العنقاء كل خمسمائة عام حين يجدد نفسه. وكانت القصة معروفة عند الرومان واليونان وباقي أوروبا في العصور المتوسطة.

وقد كتب كثير من الكتاب عن العنقاء واتخذه علماء الكيمياء رمزا لمراكز أبحاثهم . وقد ذكر في انجيل العهد القديم (أيوب 29:18) وقد علق عليه أحد القساوسة في العصور الوسيطة فقال: اذا كان طائر العنقاء لد يه القدرة على أن يموت ويحيا من جديد فلماذا يؤمن الانسان الغبي بكلمة الله. ومع عصر النهضة وبداية التفكير العلمي في ملاحظة الأشياء بدأت فكرة العنقاء تضمحل. ولكن اسم الطير لم يبرح مكانته في خيلا الشعراء والأدباء.

أنواع الشخصية

تتنوع الشخصيات الإنسانية حسب علماء النفس بما يصل إلى سبعين نوعا ، فصلت في كتاب لي بالإنجليزية بعنوان : Personality Types and Stress Management. ونظرا لأهمية الموضوع رأيت أن ألقي الضوء على الشخصيات لما له من أهمية باللغة العربية وهذه الأنواع هي:

شخصية الفيلسوف

يجيب ويحس بالمسؤولية، يهتم بما يقوله الآخرون وما يريدونه ، ويحاول حل الأمور لمصلحة الطرف الآخر . يستطيع تقديم مشروع أو اقتراح ويقود مجموعة نقاش ، اجتماعي ، شعبي مشهور ، عطوف ، يستجيب للمدح والنقد . (صاحب نظرية سي)

شخصية المؤلف

ينجح بالصبر والألم ، يقوم بما يستدعي القيام به ، يضع أفضل جهوده في عمله ، يضغط على الأمور بهدوء ، له ضمير ، يهتم بالآخرين ،

50

محترم لمحافظته على القوانين . يمكن أن يكرم ويتبع لما يقوله من صالح عام . (أنيس منصور)

شخصية الصحفي

متحمس ، روحه عالية ، ذكي ، خيالي ، قادر على عمل كل شيء يهتم به ، سريع لإعطاء الحلول ، وجاهز للمساعدة في حل المشكلات ، لهم قدرة على التصرف دون سابق إنذار بدلا من التحضير المسبق ، يستطيع إيجاد الأسباب والأعذار لأي شيء يريدونه . (سعيد شلش)

المحب للمساعدة

مليء بالحماس والولاء ، وقليلا ما يذكر ذلك ، يهتم بالتعلم والأفكار واللغات والمشاريع الخاصة بهم ، يتحملون كثيرا ، ولكنهم ينهوا ما تحملوه ، صدوق ، قليل العلاقات الاجتماعية ، يهتم قليلا بالممتلكات أو ما يحيط به من البيئة المادية كالأثاث مثلا .

شخصية القائد العسكري

مؤمن بالنظام والترتيب وإصدار الأوامر واتباعها ، لا يتزحزح عن موقفه الصلب في تصرفاته ، صعب التغيير في عاداته وتقاليده ، كما يؤمن بالحزم والعنف في التربية والمعاملة ، وقليلا ما يبتسم أمام الآخرين . (مونتغمري)

شخصية العالم

هادىء ، مصغ ، يفكر قبل الإجابة ، منطقي ، لا يصف نفسه بالمعرفة ، يسعد عند اكتشاف شيء جديد ولا يمل الحديث عنه ، يحترم الآخرين وأفكارهم مهما كانوا على خلاف مع أفكاره ، محب للغير ، ويؤمن بالحرية في الحب والحياة والموت . وهذه الشخصية لا تنقص من قدرات الغير بل تحترمها وتقدم لها العون لكي تكون مبدعة .

شخصية المخترع

هادىء ، دقيق ، منظم ، مصمم آلات تخدم أهدافه ، (إديسون)

شخصية المهندس البناء

مخطط ، منفذ ، ديناميكي ، منطقي . مدير ناجح . (سنمار)

شخصية المدير

شخصية الواثق بنفسه (الطاووس)

المتباهي بنفسه أمام الآخرين

شخصية البائع

قلبه دافيء ، متكلم ، شعبي ، له ضمير ، ولد متعاونا ، عضو لجنة نشيط ، يريد الانسجام وهو فنان في إيجاده ، يقوم دائما بعمل جيد للبعض ، يعمل جيدا بالمديح والتشجيع ، اهتمامه الرئيسي في الأشياء التي تظهر مباشرة على حياة الناس .

شخصية راعي الخدمات

هادىء ، صدوق ، يحس بالمسؤولية ولديه ضمير ، يعمل بجد حتى يحصل على ما يريد ، يضفي الهدوء لأي مشروع أو مجموعة عمل، ملاحق للعمل ، يتحمل الألم ولكنه لائق ، اهتماماته ليست فنية ، صبور إلى أبعد حد ، له ولاء مخلص يعتبر يستقبل ويهتم بشعور الآخرين . (عبدالكريم)

شخصية المنشط المحفز

حركي ، ضاحك ، وسيم ، متكلم ، يحث الآخرين على المشاركة في أفكاره وتنقلاته . وهذه الشخصية تتميز بالنشاط والتحرك في أكثر من مكان ، وهم لا يمكثون كثيرا في مكان واحد فهم مستمرون في البحث عن كل ما هو جديد من الخبرات .

شخصية الصانع الفنان

هاديء ، مفكر ، مصغ جيد ، حساس ، وهذه الشخصية تحب إتقان ما تقوم به وتدافع عنه ، سواء عن طريق وصفه وشرحه أو عن طريق الشعور بالزهو للقيام به .

شخصية المسلي المتفائل

يرى دائما النور في نهاية النفق

شخصية الفنان الحالم

رقيق ، حساس ، يعيش في الخيال أكثر من الواقع ، وأصحاب هذه الشخصية مبدعون في أفكارهم وإن ظهرت غريبة عند الآخرين .

فأي من هذه الشخصيات تناسب حالتك ؟ أم أنك منفصم الشخصية تتقمصك عدة شخصيات في آن واحد؟ وإلى أي الشخصيات تنتمي رفيقة عملك أو دربك أو قلبك أو جيبك ؟ فهذه الشخصيات تعيش بيننا ونتصل بها يوميا خلال العمل والتواصل الحياتي أو العاطفي أو العقلي أو الروحي أو الجسدي .

إن معرفة المرء أو المرأة لمميزات الشخصية التي تتعامل معها كعضو في عمل أو عضو في أسرة أو رئيس أو مدير يساعدنا على طريقة سلوكنا مع تلك الشخصية . والعصر الذي نعيشة مع بداية الألفية الثالثة هو عصر القلق ، وعصر السيكولوجي والسوسيولوجي . وعصر علم النفس وعلم الاجتماع . وعصر العلاقات العامة ، وعصر التعلم حول :

كيفية التأقلم في عصر القلق والتوتر والتواصل الشاعري أو الأدبي أو العاطفي أو المالي أو الإعلامي من خلال العمل أو المعاشرة أو التواصل مع الآخرين عبر الحياة الأسرية أوالمجتمعية على نطاق واسع .

في عصر الإدارة الحديثة وتسارع المعلومات وقوتها في التأثير على قرارات الناس ، لا بد من الحصول على جانب من المعرفة المتخصصة في كل مجال يدور حول الشخصية وأسباب قوتها أو ضعفها ، اكتئابها أو فرحها . والمعرفة تساعدنا على كيفية إدارة فض الخلافات مع أنفسنا ، ومع من نعيش ، أو نتواصل معهم في أسرنا أولا وفي مكان عملنا مع موظفينا ثانيا ، وفي علاقاتنا الإنسانية مع الغير خارج نطاق العمل ثالثا. ومهما كان هذا الغير مختلفا عنا بنوعية شخصيته ، أو اختلاف جنسه ، أو مستوى تعليمه وخبرته ، أو باختلاف ثقافته ، أو شكله ونمط حياته أوطريقة كلامه ، أو اختلاف دينه ، أو لغته ، أو اختلاف بيئات نشأته وسلوكياته أواختلاف اتجاهه السياسي أو التراثي أو القيمي أو المذهبي والعقائدي على الفرد وخاصة المدير أن يكون عادلا في حكمة على الموظفين بشأن ترقيتهم وتقويمهم .

ويمكن وصف النظرية الجديدة في التكيف والتأقلم مع التغيير وإدارة فض الخلافات بين الناس بكل بساطة بما يلي:

من أجل التوصل إلى قبول الآخرين والتعايش معهم على أساس الاحترام لطريقة معاشهم وحياتهم ، واحترام تراثهم وطريقة تفكيرهم ، علينا أن نبدأ ب:

- المرحلة الأولى وهي : معرفة أنفسنا أولا فمن نحن وكيف ننظر إلى العالم والآخرين من حولنا ، كأساس متين ترتكز عليه المعلومات في معرفة الآخرين ،

- **المرحلة الثانية** وهي فهم الطرف الآخر (بطريقة عقلية ومنطقية تعتمد الأسباب ونتائجها بطريقة علمية بحتة) سواء أكان شخصا مختلفا أم تراثا مختلفا. فالناس أنماط مختلفة وعلى الإنسان أن يفهم الآخرين بقدر أعمالهم وإتقانهم لذلك العمل دون تدخل للعاطفة أو المشاعر أو الحواس .

- وبعد المعرفة والفهم للآخرين على قاعدة العدالة والمنطق تأتي **المرحلة الثالثة** وهي مرحلة التقدير والاحترام لشخصية الآخر والتكيف مع ذلك الآخر ، مهما كان هذا الآخر إنسانا موظفا أو غير موظف وسواء أكان تراثا أو شعبا . فالتقدير المتبادل مطلوب لتعم الطمأنينة وتقدير الذات .

- أما **المرحلة الأخيرة** التي نتطلع إلى تحقيقها والتي سنصل إليها نحن وغيرنا من الناس عند اكتمال المعرفة والتفاهم والتقدير فهي مرحلة التعايش مع الآخر وهي مرحلة مثالية يصل فيها الجنس البشري إلى التعايش المبني على تحقيق الحاجات الجسدية والروحية وتوزيع الثروات .

لذا فإن النظرية الجديدة تعتمد على آليات أربع كل منها يعتمد على المرحلة التي تسبقها. فالتعايش بسلام مع النفس ومع الغير يعتمد على التقدير المتبادل ، الذي يعتمد على التفاهم المتبادل ، الذي لا يمكن أن يتم إلا عن طريق الاتصالات والمعلومات والمعرفة المتبادلة الصحيحة عن الطرفين للطرفين . فإذا انتفى عنصر من العناصر السابقة انتفى العنصر الذي يليه ، بل وربما أدى إلى عكس ما يتوقع منه لوكان حاصلا . بمعنى أن المعرفة والمعلومات إذا كانت خاطئة (أو غير حقيقية) عن أحد الأطراف أو عن الطرف الآخر فسيكون نتيجتها سوء فهم مقصود أو غير مقصود بين الطرفين ، وهذا يؤدي إلى عدم تقدير أحد الأطراف لمكانة وموقف الطرف الثاني ، وتكون النتيجة المحصلة عدم القبول وعدم التعايش بين الطرفين .

قواعد السعادة البشرية

حين خلق الإنسان أو وجد على الأرض لم تكن السعادة في قاموس حياته ، بل كان الجد والعمل والتناسل والبقاء من أهم أولوياته ، ولم يكن الإنسان في تاريخه الطويل موصوفا بالسعادة ، فالحروب والمنافسة على لقمة العيش تنتج رابحا وخاسرا كما تنتج ناجحا وفاشلا في معاركه الحربية أو الاجتماعية أو حتى النفسية ، فحرب قابيل وهابيل لم تكن من أجل تحقيق السعادة بل كانت لتحقيق حاجة جسدية زائلة ، ولم نر من صور ورسومات العصور الغابرة ما يؤكد ابتسامات الناس في المغاور والقلاع ، وأنما رأينا احتفالات ومعارك وبؤس وشقاء وأعمال يدوية لا تنبيء بسعادة ، ولم نر على وجوه الأنبياء ولا في سيرة حياتهم مسحة من البسمات تؤكد وجود السعادة في نفوسهم ، فهم يدعون لسعادة غير مرئية في العالم الآخر وليس في الواقع الحياتي ،   السعادة أصبحت أنبل أولوية من الحب والصحة والأسرة والخالق والحكمة والأمانة . ففي استطلاعات الرأي جوابا على سؤال ما أهم شيء في الحياة تكون السعادة هي

الجواب العام الذي يلون كل الإجابات وإذا سئلوا عن أكثر الأشياء يريدون زيادتها في الحياة كانت الإجابات بالسعادة أعلى من كل هدف آخر في الحياة ، واسأل الآباء والأمهات عن أفضل ما يريدون لأبنائهم فسيقولون دون تردد ، السعادة : أن يكونوا سعداء .

وليس من شك في اتخاذ السعادة عبادة جديدة هذه الأيام ، وأصبح من التراث القابض على الأرواح والأجساد ، وأننا نجهد في أعمالنا للحصول عليها ، فمن الطبيعي أن يرى البشر أن السعادة أهم هدف في الحياة أو أعلى قيمة في الوجود الإنساني ، ولكن اعتبار السعادة كهدف أعلى من كل هدف آخر في الحياة يوقعنا في مصيبة جدية ، وللأسف فقد أصبح موضة العصر في مجال الأولويات . ومع أن كثيرا من الكتاب وقفوا ضد هذه الموجة في الخمسين سنة الماضية ، فلم تكن السعادة يوما تبدو هدفا بحد ذاته عند العقلاء لأنها إن فعلت ذلك تتساوى في مقارنة الأهداف الأخلاقية مع طموحات الحيوانات ، أو تكون الحياة الإنسانية بطولها سعادة دائمة فيكره الإنسان دوامها لأن استمرار السعادة يعتبر جحيما على الأرض ، حسب برنارد شو المفكر الإنجليزي ، وإن أكثر ما يخيف الإنسان فكرة ديمومة السعادة لمباركة في الحياة ، وقد أصبحت الابتسامة على وجوه البقر وحبات البطاطا وحتى النمل ، وكأنها عنوان سعادة للأطفال والكبار . فالنظر إلى العالم مع اتساع النظر يجب أن يشمل التعاسة والفشل والخسارة والانحطاط الخلقي والتراجع في مواقف النفس والأخلاق وسوء الحظ ، ولكن الناس مندفعين نحو محو هذه الوقائع من أجل عيون السعادة . والناس مسحورون بهذه الظاهرة .

ويسوؤني أن أرى الكتابات في الكتب والمجلات والأفلام وبرامج الراديو والتلفاز وورشات العمل والفيديو وحتى النقاشات على

الإنترنت ، وبرامج المقابلات التلفزيوني وغيرها من وسائل الثقافة تقودنا إلى خيالات قطف ثمار السعادة ، وقد أدت هذه الوسائل إلى اختراعات جديدة في مجال زيادة معاهد استشارات الناس حول السعادة وإرشادات الأطباء حولها ومعاهد بناء الجسم وعيادات تغيير الأشكال والأعضاء لكي تناسب هذا الفيض من الهجوم على اقتناص السعادة . بالإضافة إلى معاهد الرقص ونوادي الضحك التي أصبحت شائعة وعنوانها إكذب على نفسك حتى تبدو سعيدا . وأخذ موضوع السعادة ينمو حتى أصبح حالة عقلية للبيع لكل هاو أو محترف في أي مجال من الشباب والشابات .

حتى المصانع للأعضاء والتحف وشركات الأفلام الضاحكة والهزلية وشركات الأدوية للعقل وأعضاء الجسد على اختلاف أحجامها وأشكالها وألوانها ساهمت في تضليل الناس لشراء وسائل تخلق السعادة النفسية أو الجسدية والجنسية أو الفكرية الخيالية العاطفية ، وكلها أحلام وأضاليل لكسب فوري . ونذكر منها زيادة الأعضاء طولا أو تقصيرا وزراعة الشعر أو إزالته وتكنولوجيا التجميل من احمرار الخدود أو اصفرارها وجماليات الشعور وألوانها ، وفوائد الحبوب المنومة عند أصحاب الأرق أو السوائل المنشطة عند الكسالى والرياضيين . ولا ننس المطاعم ومحلات الآيسكريم ومجالات الترفيه التي تتخذ من الظاهرة أساسا لجلب الزبائن ، لفتح شهية الطامعين في اقتناء السعادة بأي ثمن . والأوصاف اللامعة كأسعد مكان للترفيه كدزني لاند والوجبات السعيدة في المطاعم كمكدونالد وبيرغر كنج ، عدا عن إعلانات الفنادق الوردية والقرمزية لسعادة النزلاء ، كما تظهر في التخفيضات العظيمة التي تهيء للسعادة على التسوق وشراء البضائع في وول مارت وسيرز وجي سي بيني وميسي ، فالوجوه مبتسمة والكلام لطيف والمعاملة ممتازة .

وقد تعدت السعادة في الإعلانات من الحياة والجنس والطعام واللباس والترفيه إلى الموت ، فمؤسسات دفن الموتى ركبت موجة السعادة وتاجرت بالأعضاء أو الدعوة إلى تفير العناء على الأقارب والأحباب ، وشركات التأمين لم تخل إعلاناتها عن جمع الأموال بالسيارة المبتسمة أو شواطيء الضاحكة أو الدراجات الطائرة ، أو التلفونات التي تبدأ بجملة ، هذا إعلان عام من أجل سعادتك أو سيارتك أو بيتك أو حتفك . وفي لوس أنجليس ترى يافطات دعائية في كل مكان مرتفع فوق المباني تحمل : الدونات السعيدة ، الخمر السعيد ، الحذاء السعيد ، عيادات الحيوان السعيد، عيادات الأسنان السعيدة ، عيادات التجميل السعيدة ، مراكز الزواج السعيدة ، بالضافة إلى آلاف اليافطات وكلها تتبنى لفظ السعادة في محتوى عناوينها ، وليس هذا في لوس أنجليس فقط فما هي إلا مثال فقط ، فأنت ترى ذلك في شيكاغة ونيويورك وواشنطون دي سي ، ولاس فيجاس ودالاس وعبر البحار في باريس وسويسرا ولندن وكل مدينة حتى شنغهاي وطوكيو وهونغ كونغ وموسكو وبون والقاهرة ونيودلهي . ويصفها البعض ممن يقفون معارضين لها بأنها فقاعات العصر الجديد ، قصيرة الحياة إذا ما هبت رياح الواقع ودخل البشر في نفقها الذي تنصه الأضواء ليظهر الواقع المر لهذه الشركات والمطاعم والمحلات والعيادات وأماكن الترفية ، وكلها يسعى لكي يجمع المال لزيادة سعادته في المقام الأول ، ولم نسمع يوما عن المعاشات السعيدة أو العمل السعيد أو الاهتمام بالأسر السعيدة . حتى البورصة وأسواق المال والأسهم لها فقاعات مشابهة في التلاعب في الأسعار العالمية من أجل سعادة الفقراء وتقليل مآسي الفقر والجوع والجهل . أم ما يضحك فإن كثيرا من الجامعات في الولايات المتحدة وكثير من دول العالم بدات في طرح مساقات وتخصصات في مجال علم السعادة النفسية وعلم السعادة بشكل عام ، وعلوم السعادة الجسدية والجنسية والعضلية والفكرية الخيالية . وقد قام مؤخرا

بعض المختصين في السعادة بإطلاق ألقاب على أنفسهم مثل : الدكتور سعادة ، من أجل الخدمات للسعادة بأسعار خيالية ، وعندهم موانع للقلق والتوتر وفقد الذاكرة والغضب والملل والتعاسة في السرير أو أماكن العمل والإحباط النفسي والطلاق والفشل في الحب أو العمل أو الزواج . وهكذا أصبحت السعادة موضة العصر والخيال المسيطر على الناس مع أنهم أي الناس يعرفون ما يسعدهم بصورة طبيعية ويقدم لهم راحة البال والطمأنينة والهدوء والسلام مع النفس أو النفوس البشرية الأخرى في الأسرة والمجتمع والعالم الكبير.

وفيما يلي بعض القواعد التي تساعد على إيجاد السعادة والتمتع بها :

- المفاجآت تجلب السعادة زيارات مفاجئة ، رسائل ، هدايا ، ترتيبات ، دعوات .
- السمعة الطيبة كنز يزيد من زيادة حب الناس لحاملها ، وتجلب له السعادة .
- الغموض في الكلام مقبول أحيانا حين يكون جوابا لسؤال حول ، مع من أنت؟
- الصدق في المعاملة
- أعط فرصة للآخرين في الحديث ، دعهم يعبرون عن مشاعرهم تكسب ودهم . وتشعرهم بالسعادة .
- خذ السعادة من سعادة الذين تحبهم ، فكلما زادت سعادتهم زاد شعورك بالسعادة من أجلهم ومن أجل مصلحتهم .
- المعرفة مهمة في القرارات الخاصة بالسعادة وكذلك الحكمة والحنكة في تقدير الأمور ،
- الشهرة قد تكتسب بأعمال الخير أو أعمال الشر
- النشأة الصالحة في بيت تسوده المحبة والإخلاص والتوادد ،
- الثقة بالنفس والثقة بالأصدقاء تجلب السعادة
- قوة الشخصية تجلب السعادة ،
- التفاؤل بالخير والنفس المطمئنة من دواعي السعادة

- الغيرة تنافي وجود السعادة لأنها تعتمد على الظن والحدس والحكم على المظاهر الكاذبة.

- الإصغاء سمة محببة عند العقلاء وهي من دواعي السعادة عندهم .

- سألوا فقيرا يوما عن معنى السعادة ، فقال: السعادة عندي أن أحصل على قوت يومي لنفسي ولمن أعيلهم من عيالي. وسألوا جاهلا عن السعادة فأجاب: ها هها . وسألوا عالما عن السعادة فقال: زيادة المعرفة هي السعادة بعينها. وسألوا محبا مغرما عن السعادة فقال السعادة في قرب الحبيب.

فن التعامل والسلوك البشري

The Art of Dealing with Behavior

التعامل مع الأحداث فن بحد ذاته ، وهو معالجة رد الفعل الذي يظهر أو لا يظهر على الأبناء ، والمثل على الفعل الظاهر ارتفاع الصوت والغضب والسرقة والانحراف وكراهية الدراسة والكذب والتوتر والقلق وقلة النوم . أما الفعل غير الظاهر فمنه الانعزالية والإحباط واليأس والخوف وانخفاض الثقة بالنفس .

المؤشرات المتصلة بالإنسان وعقله وبيئته

Mental and Environmental Human Indicators

مؤشرات القدرات العقلية Mental Abilities

وتتميز مؤشرات القدرات العقلية بأنها المؤشرات التي تكون لها علاقة بالعقل أوالعمليات العقلية المتصلة بالدماغ مثل مؤشر نسبة الذكاء ومؤشر نسبة العمر العقلي إلى العمر الحقيقي ، ومؤشر النسيان ومؤشرالتذكر ومؤشر الإدراك .

62

Experience Indicators مؤشرات الخبرة

ومن مؤشرات الخبرة هناك مؤشرات حسية تدركها الحواس وقد تكون مؤشرات خيالية متصورة يدركها أو يتصور إدراكها العقل اللاواعي ، ويعتمد الأول على العقل الواقعي في فهم الواقع والتعايش معه ويعتمد الثاني على العقل الباطن والتصور التي تدور في الدماغ .

IQ Indicators مؤشرات الذكاء

ومن مؤشرات الذكاء الإحساس والانتباه والتذكر ومؤشر إتقان القراءة والكتابة في سن مبكرة ، وسرعة الربط بين العلاقات وتقدم التحصل العلمي والإبداع الفكري .

Family Support Indicators مؤشرات الدعم الأسري

ومن مؤشرات الدعم الأسري دعم الوالدين للأبناء ودعم الإخوة والأخوات والأقارب ، ومؤشر العلاقات الأسرية وقنوات الاتصالات بين أراد الأسرة .

School Indicators مؤشرات المدرسة

ومن مؤشرات المدرسة إدارتها ويمثلها مؤشر التعليمات والقوانين ومؤشرات سياسات الثواب والعقاب ومؤشر النشاطات الاجتماعية أو النفسية أو الجسدية كالرياضة والزيارات الجماعية والألعاب الرياضية.

مؤشرات المدرسين

Teachers Indicators

وللمدرسين مؤشرات أيضا مثل طريقة التدريس ومؤشر التعامل مع الطلبة ومؤشر التقويم التحصيلي ، ومنها مؤشرات خاصة بمدرسي

المواد العلمية ومدرسي المادة الأدبية ومدرسي النشاطات والمشاركة الطلابية ومؤشر الإرشاد والتوجيه .

مؤشرات الدارس نفسه

One-Self Indicators

ومن مؤشرات الدارس نفسه مؤشرات تكاد تتداخل مع كل ما سبق من مؤشرات عقلية ونفسية واجتماعية وتحصيلية . بالإضافة إلى مؤشر النظرة التفاؤلية أو التشاؤمية نحو الناس والحياة ، ومؤشر التفاعل مع الآخرين ومؤشر لتكيف مع التغييرات اليومية . ومنها مؤشر بناء الذات ومؤشر الذكاء ومؤشرات الإحساس والإدراك ومؤشر الذاكرة والاستيعاب مؤشر التعامل والتفاعل مؤشر الاتصال ومؤشر عملية الذاكرة والدراسة

مؤشرات السعادة

Indicators of Happiness

أول المؤشرات الابتسام وثانيها مؤشر الصبر وطول البال ، وثالثها مؤشر التفاؤل . ومؤشر الانفتاح على الناس ، ومؤشر احترام الذات ومؤشر التكيف مع الواقع ، ومؤشر مدح الآخرين ، ومؤشر الشعور بالسعادة من الداخل ، مؤشر محبة الناس ، ومؤشر التواصل معهم .

مؤشرات النجاح

Success Indicators

مؤشر الثقة بالنفس ، ومؤشر العمل الجاد ، ومؤشر تنظيم الوقت ، ومؤشر احترام العمل ، ومؤشر اكتساب الخبرات ، ومؤشر التفاؤل

وحب الآخرين ، ومؤشر تقدير الذات ، ومؤشر الاستمرارية في النجاح ، ومؤشر طلب المعرفة ، ومؤشر الفهم وتقدير الآخرين .

مؤشرات التحصيل العلمي

Scientific Achievement Indicators

مؤشر الانتباه ومؤشر التركيز ، مؤشر الحفظ ، مؤشر الدراسة ، مؤشر التذكر ، مؤشر التخطيط ، مؤشر الثقة بالنفس ، مؤشر احترام الذات ، مؤشر طول البال والصبر ، مؤشر المثابرة ، مؤشر الاتصال ، مؤشر الذكاء ، مؤشر المراجعة .

مؤشرات الحياة السعيدة

Indicatos of Happy Life

مؤشر الزواج السعيد ، مؤشر الأبناء ، مؤشر الحالة الصحية ، المؤشر الاقتصادي ، مؤشر التفاهم الأسري ، مؤشر الوجه الباسم ، مؤشر الراحة النفسية ، مؤشر التفاني ، مؤشر الإخلاص ، مؤشر التعاطف .

مؤشرات الزواج الناجح

Successful Marriage Indicators

مؤشر الاحترام المتبادل ، مؤشر المودة ، مؤشر الرحمة ، مؤشر التعاطف ، مؤشر فهم الطرف الآخر ، مؤشر الإخلاص ، مؤشر الابتسام ، مؤشر حسن الحديث ، مؤشر تبادل الهدايا ، مؤشر الاهتمام الواحد ، مؤشر المشاعر المتبادلة ، مؤشر وحدة الأهداف ، مؤشر التفاني والتضحية .

مؤشرات التوتر والمخاوف العامة

Stress Indicators and Fear

مؤشر الخوف على النفس ، مؤشر الخوف على المستقبل ، مؤشر الخوف على الوظيفة ، مؤشر الخوف على الصحة ، مؤشر الخوف على الرزق ، مؤشر الخوف على الآخرين ، مؤشر الخوف من المرض ، مؤشر الخوف من الموت مؤشر الخوف من الفشل . وتعتبر هذه المخاوف عامة قد يصاب بها كل شخص .

المخاوف العامة General Fears

الخوف من الفشل Failure

الفشل هو الجانب المقابل للنجاح ، فكما يحب الشخص النجاح لا يحب الفشل ، وكلما أحب النجاح زاد عمله من أجل تحقيقة ودفعه الأمل إلى مضاعفة الجهد لنيل النجاح وقطف ثماره . وكلما زاد العمل من أجل النجاح قلت فرص الفشل التي يحاول الشخص الابتعاد عنها .

66

الخوف من الموت Death

الموت ليس باليد وقفه ، فهو نهاية كل حي ، والخوف منه أو من توقعه هو نسبي عند الأشخاص ، فمنهم من لا يحب أن يسمع عنه ولا مناقشته ، ومنهم من يقشعر بدنه عند حدوثه لعزيز لديهم .

الخوف من الفقر والفاقة Poverty

لا أحد يحب الفقر والعوز والحاجة إلى ما في أيدي الناس ، وقد قيل في الأثر : " لو كان الفقر شخصا لقتلته " والخوف منه قد يقلب الحياة السعيدة إلى حياة تعيسة خاصة إذا كانت التوقعات عالية عند الشخص وعدم نجاحه في إبعاد شبحه عنه . فالشخص يقتر على نفسه وعلى غيره إلى درجة المرض ، وخوفه من المجهول يقضي على السعادة بالواقع المعاش ، ويقلب حياة من بجانبه ممن يحب إلى جحيم مقيم .

تدهور الصحة Poor Health

تعتبر الصحة تاج على رؤوس الأصحاء لا يراه إلا المرضى . والخوف من المرض قد يمنع الشهية للأكل ، ومعاشرة الناس والسلام عليهم ، فمرض الهوس الصحي يمنع التمتع بالحياة ويقصر من أوقات السعادة ، وقد كان أحدهم يحمل علبة الدي دي تي في يده ، رش منها في الجو كلما عطس شخص في حضرته ، وهو مرض يتنامى مع العمر ، وعلى الناس أن يتخلصوا من ذلك المرض وإلا فقد الأقارب والأصدقاء ، خاصة إذا وقع هو نفسه في المرض

التقدم في العمر Aging

تقدم العمر قد يكون جالبا للسعادة لأنه يتصف بالحكمة والرشاد ، ولكن بعض الأشخاص لا يرون من تقدم العمر إلا الضعف والكسل والمرض وخمل العضلات وقلة الحيلة في مساعدة النفس جسديا . فمن أدرك فهم

تقدم العمر رضي به واستغله فيما يفيد روحيا وماديا ، فهو أب حقق أهدافه في تربية أبنائه وهذا الوجه المشرق من تقدم العمر عند الناس ، وهو الجد الذي يحترمه أفراد الأسرة والمجتمع لحكمته وتجربته ووقاره وصلاحه . فالسعادة بتقدم العمر يجب أن لا تنقلب إلى حزن وتعاسة بتعداد السلبيات التي تنتج عن تقدم العمر .

الرفض وعدم القبول Rejection

من أكثر العوامل التي تجلب السعادة هي الانتماء وهي حاجة إنسانية ضرورية ، فهي تدل على قبول الشخص من قبل مجموعة هي أسرته أو فريقه في العمل أو مجتمعه ، أو تخصصه الدراسي . وعكس ذلك يستدعي اليأس والتعاسة والشعور بالانعزالية والرفض . ومن كانت سعادته مع الناس الآخرين عليه الانتماء أولا لهم ليتسنى له مشاركتهم وإلا انتهى أمره إلى الانعزالية والغضب وكراهية النفس والناس والمجتمع .

الخوف من الأخطاء Making mistakes

قيل في الإدارة " من يكثر عمله تكثر أخطاؤه " وهو قول فيه حكمة فمن لا يعمل لا يخطيء ، أما الخوف من الخطأ فهو مرض سببه العقاب المعنوي أو المادي ، وسببه عدم تقدير النفس بما تملكه من مزايا إيجابية . فالأخطاء تعلم الناس . وهي منهج حديث في التربية ، حيث إن الأخطاء تعود النقاش في أسبابها وطرق منعها أو تقليلها . وفي ذلك ما يدل على تقدير حقيقة النفس البشرية غير المعصومة عن الخطأ . فالتسليم بمعرفة النفس البشرية ليس خوفا وإنما معرفة تشجع على التخلص من مرض الخوف من الأخطاء .

الخوف من النجاح Success

النجاح غاية كل حي ، وبه تتم السعادة وتقل التعاسة . والحوف من عدم تحقيقة هو عدم معرفة النفس على حقيقتها وعدم تقدير الأمور حولها . فالنجاح نسبي قد يكون الشخص هو العامل الوحيد على تحقيقه ، وقد يكون للآخرين قدر معلوم يساعد على تحقيقة ، أما الخوف منه سواء في فترة ما قبل وما بعد تحقيقة فهو مرض يجلب التوتر ويدعو للقلق . وهو أمر طبيعي أن يهتم الشخص بنجاحه ولكن لا أن يخاف من عدم تحقيقه فيغضب الآخرين ويدوس عليهم ليرضي نفسه ويحقق هدفه في النجاح .

الخوف من احتقار الآخرين Disrespect الاحتقار هو التقليل من قيمة الشخص أمام الناس ، وقد لا يكون عنيفا إذا كانت المسافة الاجتماعية بعيدة ، أما إذا تمت أمام أشخاص لا نحب أن يسمعوه عنا فإنه يجلب التعاسة ويقلل من السعادة . والاحتقار يكون إما لمركز اجتماعي أو لجنس معين أو لسلوك شاذ .

الخوف من النقد Criticism

قد تكون هذه الصفة عامة عند البشر فليس كل الناس يحب القدح والنقد ، وأكثرهم تعاسة هو الذي يتخيل أن الناقدين له ولو في صغائر الأمور هم أعداؤه ولو كانوا من أقرب الناس إليه ، أما السعيد فهو الذي ينقد ذاته أولا ثم يستمع إلى النقد من الآخرين ليصحح من أخطائه أو يزيد من صحة تفكيره وعمله مستقبلا وتقديم الشكر للناقدين مهما كان النقد قاسيا.

الخوف من الوسوسة والهلوسة

الوسوسة هي انفصال العقل الواعي عن اللاواعي

الأصل هو النفس السوية التي تبعث الاستقرار والطمأنينة

والنفس السوية على عكس النفس غير السوية (الموسوسة) فهي تشك في قدرتها وفي رأي الناس بها ، وتكثر سوء الظن بالناس والنفس . هل أعجبت أم لا ؟ هل قلت الصواب أم كان ما قلته خطأ ؟

الوسواس الخناس هو التفكير المخفي (الذي يخنس فلا يظهر لأحد) ، الشك وسوء الظن تجعل الشخص انطوائيا يخفي ما يعلن .

النفس الموسوسة التي لا ترتاح ولا يرتاح صاحبها

مميزات وصفات النفس الموسوسة

- تدني الثقة بالنفس
- عدم الشعور بالمسؤولية
- تحتاج إلى المعرفة
- تحتاج إلى حسن التصرف
- عدم الرضا النفسي
- الحسد والكراهية
- المغيبة والغرور
- الخوف من الذات
- الخوف من الفشل
- الخوف من الناس
- التهور العاطفي
- الانحراف الجارف
- عدم القناعة
- ستر أسرار النفس
- السباحة في بحر الخيال
- كثرة التصور اللامنطقي
- سوء الظن بالآخرين
- كثرة الاهتمام بما يقوله الناس

وأخيرا المخاوف الخاصةSpecial Fears

وهي مخاوف تتراوح شدتها بين الناس قوة وضعفا ، ومنها الخوف من الأماكن العالية كالعمارات والجبال Acrophobia والخوف من الفضاء المفتوح Agoraphobia والتحدث في مكان عام Speaking publicly ، وركوب الخيل Horseback riding والخوف من العناكب Arancophobia والخوف من التزلج Skiing، زالخوف من السباحة Swimming والخوف من الأماكن المغلقة Claustrophobia ، والخوف من مقابلة الناس Meeting other people وخاصة الغرباء Xenophobia . والخوف من قيادة سيارة Auto-Driving ، وركوب الطائرة Plain Flying ويطلق عليه Aerophobia . وأخيرا الخوف من الأمراض المعدية واسمه العلمي Pathophobia .

العقل الواعي واللاواعي

العقل الواعي: Conscious Mind

يشكل العقل الواعي أحد عناصر الشخصية عند فرويد وهو العقل الذي يتماشى مع الواقع الملاحظ ، والذي يوافق على أفعاله المجتمع ببيئته التراثية بما فيها من عقائد وعادات وتقاليد ، أو التي تساير ما اتفقت عليه الجماعة من تحليل أو تحريم ، أو من قبول أو رفض أو من مباركة أو عدم مباركة . ويمكن الاستشهاد بجملة تلخص هذا العقل وهي " موافقته على ما أستطيع تحقيقه ، لا ما أريده . والاستطاعة مرتبطة بالمقدرة والواقع والعقل الواعي ، بينما الرغبات تكمن في العقل الباطن أو اللاواعي حيث تجري الرياح بما تشتهي السفن لا بما يستطيع القبطان تحقيقه حسب كفاءته .

العقل اللاواعي

Unconscious Mind

وهو العقل الذي يمثل الجانب المخفي من النفس بما تشاء وتريد ، والحاجات كثيرة تلونها الرغبات والغرائز ، وتلعب دورا كبيرا في تشكيل العقل الواعي ، فإذا انتصرت عليه انحرف الفرد عن الجماعة وقام بما لا يوافق التراث ولا بطريقة الحياة التي خطط لها المجتمع واتبعها عبر السنين كالحلال والحرام والمقبول والمرفوض .

وتدعو نظرية سي .Theory C أو النظرية الهلالية Crescentology إلى انسجام العقلين الواعي واللاواعي من أجل استقرار الشخصية وتحقيق السعادة في الحياة وذلك عن طريق التأقلم مع التغير والواقع الجديد الذي قد يقبله العقل الواعي ويرفضه العقل اللاواعي أو العكس .

وفيما يلي بعض التدريبات على التكيف مع الواقع أو مع التغير الذي هو سنة الحياة في نمو الجسد أو العقل أو الروح .

تعلم كيف تتكيف مع الظروف أو تتأقلم معها ؟

إذا اشتدت الأمور عليك ولم تستطع مجابهتها غير مجرى الأمور وسافر إلى منطقة جديدة ! تغيير لا بد منه .

الظروف التي تسبب التوتر والقلق كثيرة منها النفسي ومنها الاجتماعي ومنها المزاجي . فالباحث عن وظيفة يكون في حالة توتر باستمرار لأن التوتر ممزوج بالتوقعات وليس الحقائق . والمنتظر الولد الأول يكون في حالة توتر وقلق ، حتى يظهر الوليد وينبيء عن وصوله ، وانتظار الغائب حتى يعود أو المريض حتى يشفى يصاحبهما توتر وقلق ينتهي بعودة الغائب بالسلامة وشفاء المريض .

تباطئي يا رياح ! فكفاني ما ألاقيه من أمطار وأعاصير ! لقد ضقت ذرعا بدور المتوتر القلق في الحياة . وأرنو إلى حياة تملأه اسعادة والحبور .

كيف تتخلص من التوتر أو مسبباته ؟

ناقش نفسك فيما تراه يسبب القلق بصوت عال. مثلا :

تباطئي يا رياح ! فكفاني ما ألاقيه من الأمطار !(تفاؤل)

نبض قلبي وصل 120 بينما النبض الطبيعي 70 ، فهل هذا ما يؤرقني ويقلب سعادتي إلى تعاسة ؟

(تمطى ولا تفكر فيما أنت فيه ، غير تفكيرك واشغل نفسك بشيء آخر)

أو قل : إذن بحق الله أن تهبط ضرباتك يا قلبي إلى مستواها الطبيعي ، فعندي من المشاكل ما يحتاج حلولا صعبة ، فلا تشغلني ضرباتك عن حلها والعيش بسعادة ! (قلل من ثقل الحدث)

انزلني عن الكرة أو زد مساحتها فإني لا أستطيع التحكم بنفسي والاستمرار واقفا . فكلما زاد حجم الكرة كلما زاد حجم المكان من

حولي ، وتمكنت من الوقوف دون اهتزاز ودون خطر ! (لاتركز على نقطة واحدة ووسع مداركك)

هل السعادة تغير لون الشعر عند كبار السن إلى اللون الأسود ؟ هذا الأمر يدعو إلى السخرية إذا قيل أمام حشد كبير ! ولكن حله بسيط جدا والجواب يزيد من الاستغراب ، نعم السعادة تغير لون الشعر ، فلو عدت إلى ألبوم الصور الخاص بك لتذكرت لحظات دونتها الكاميرا ويظهر فيها شعرك أسودا . فما رأيك ؟ انس يومك وعش في الماضي إذا تقدمت بك العمر)

ولا شيء مستحيل فالإنسان يعيش الحياة التي يريدها!

والسعادة هي الرائدة للحياة البشرية فاصنع سعادتك أو ادفنها بين ركام اليأس والخوف والإحباط والتعاسة !

الفرد ربان سفينة حياته فإن شاء انسابت سفينته في مياه بحر هاديء بعيد عن الصخور ، وإن شاء نام وتركها فانحرفت به إلى شاطيء تمتد فيه الصخور إلى ماء البحر فوجد نفسه بلا سفينة ، مجروح الجسم والخاطر والأحلام .

كم مرة تنظر إلى ساعتك في اليوم ؟

هل يستطيع الفرد أن يجيب عن الوقت دون استشارة ساعته التي تلف معصمه ؟ بعض الناس يحب أن يعرف الوقت في كل لحظة . فهل اختلف الوقت كثيرا منذ دقيقة مضت ، فلم إذن تنظر إلى الساعة مرارا وتكرارا وكلما أردت ؟ فالناس يعرفون الوقت بالتمام ، ولكنهم يريدون أن يتمتعوا بفرصة القلق الذي ترسله عيونهم إلى عقولهم من تحديد الوقت باستمرار لأنهم يحبون أن يمضوا وقتا للقلق ويحافظون على استمراره .

هل تستطيع قراءة الوقت بصوت عال كلما نظرت إلى ساعتك ؟ حاول فعل ذلك وستجد أن عادة النظر إلى ساعتك تقل مع الأيام .

(شجع نفسك)

قال فيلسوف : في قرارة كل رجل حقيقي يوجد طفل ، يريد أن يخرج ويلعب .

فلا تحبس الطفل داخلك ودعه يلعب ويمرح .

هل تستطيع سرد عشرة آلاف كلمة في اليوم من ذاكرتك ؟ ربما !

العناية والتصميم هما السر وهما المفتاح الذي يساعدك على التذكر . كيف؟

كانت المسابقة تذكر ما تمت كتابته في كتاب القراءة من المنهاج الخاص بفصلك ، فقمت بحفظ فصلين فقط أو ثلاثة ، ودخلت المسابقة للتذكر وحفظت ثلاثة فصول من الكتاب ، وذهبت إلى تسرد ما في الفصل الأول كلمة كلمة دون تلعثم حتى الحواشي ، وستمر ساعة وأنت في الفصل الأول وسيمل القضاة ويعتذرون عن المتابعة . ولم يكن هناك بد من تكملة المسابقة ، فقد حصلت على أعلى درجة في الحفظ . فهل يعود ذلك إلى الحظ أم هو مخطط له ؟

اختر نظاما للعمل قادر على العمل بفعالية أكثر من غيره

(الانفصام) عكس الاتحاد فحافظ على كل منهما ، فلا اتحاد بدون انفصام ، ولا انفصام بدون اتحاد . والانفصام حالة من الجمود تضمحل بالتقرب من الناس . وتختفي بإرادتك ، فلا تكن منفصم الشخصية ، واتحد مع شيء قريب الشبه بك وبعقلك وبدمك وبتراثك وبتطلعاتك وبأهدافك ، ودع الانفصام وتمتع بمعاشرة السعادة والاتحاد مع الآخرين .

لست وحدك فيما تشعر به !

فإن حفظته في نفسك فلن يعرف به أحد غيرك ، افتح قلبك واجعل الكلمات تنساب على لسانك ، فضفض عن نفسك ، ودع الآخرين يحملون بعض أحمالك . دعهم يشاركونك أفراحك وأتراحك ! كن واحدا منهم ، شاركهم في المشاعر والأحاسيس . اضحك معهم وناقش أمورهم ، وخذ منهم ما يملكون بمشاركتهم وأعطيهم مما تملك بمشاركتهم . فاتحادك مع غيرك يغير وجه التاريخ ، يغير طعم الحياة ، ويجلب السعادة لنفسك ولهم معا .

حافظ على البنية التحتية في نفسك !

بنيتك التحتية هي البنية العاملة في الجسد دون تفكير ، فحافظ عليها كما تحافظ على البنية العلوية ، قوة جسدك وثمار عقلك .

أحب الحياة والحياة ستحبك أكثر ،

فالناس في غرفة كبيرة قاتمة خالية من الأضواء ، وكل فرد ينتظر من واحد آخر أن يضغط زر الكهرباء لتضيء الغرفة . فهل أنت واحد من الذين يتسابقون لإضاءة الغرفة أم واحد ممن ينتظر الآخرين ليضيئوا له الغرفة ؟

هل تملك روحك وعقلك وقلبك ؟

وهل يملك جارك روحه وعقله وقلبه ؟

وهل يملك أحد روحه وعقله وقلبه ؟

إذا كانت الإجابة بنعم ، فغير من طريقة حياتك وانعش روحك وفكر بعقلك وانزل إلى ساحات الحب فلعلك تغير الإجابة التي صرحت بها قبل قليل .

الهدف الرئيسي للفرد هو توحيد العقل الواعي واللاواعي للنفس البشرية

قال غوته Goethe :

هناك روحان في صدري ، واحد منهما مصمم على ضرب الآخر معا سنكون ، ومعا سنقوم بما نفعل ، معا نخطط ، ومعا ننفذ ، ولا فخر لي إلى معك ، ولا فخر لك إلى معي ، فنحن نفكر ونعمل معا كوحدة واحدة ، أسرة واحدة ، عالم واحد مكون من الفكر والجسد ، من الروح والقلب ، من العقل الواعي والعقل اللاواعي .

ارسم أهدافك حسب الأولوية ، ولا تعط هدفا أكثر من حجمه ، ولا تضخم المسؤوليات أو تهول من الوسائل .

فكر في شخص تبدو عليه السعادة دائما ، اذكر اسمه ! ثم قل بإصرار : أريد أن أكون مثله . وستجد أن السرور والمرح يأتيان إليك . وتستطيع بالفعل أن تحس بالسعادة كلما قلت ذلك .

كلمة " أريد " كلمة تجلب المتاعب أحيانا . فالفرد يريد أشياء كثيرة من المستحيل الحصول عليها. وما على الشخص سوى تهذيب كلمة "أريد" كما يهذب الحلاق شعر الرأس حتى يبدو لطيفا . واسأل نفسك : من منا لا يريد شيئا ؟ كلنا نريد وكثير منا يحصل على ما أراد ! فكيف ذلك ؟ سيكون الجواب هو توضيح الهدف مما تريد ، عندها ستجد أنك لا تريد أكثر مما عندك . فرغبتك تحققت لأن ما تريده هو ملك يمينك وتحت تصرفك ، فلماذا تريد أكثر ؟ أنظر حولك خاصة إلى من يكثر من قول كلمة أريد وأشتهي وأرغب . وكلما زاد تلفظهم بهذه الكلمات زادت درجة إحباطهم لأن ما يريدونه لا ينتهي . فقد تعودوا على الرغبة المستمرة في قول : أريد ..... .

تمطى ... مد ذراعيك وطولك ، تمطى كما الليل الطويل ، أو تمطى في ساعة الوقت قبل المغيب ، دع الدم يتحرك في شرايينك ، جدد نشاط تلك الشرايين فقد كادت تهاجر إلى غير المكان وغير الزمان ، دع الدماغ يعمل ، ودع الأعصاب تتمطى ، ودع القلب يلعب رياضته ، وحرك الجهاز الهضمي ونشط الجهاز التنفسي ، وحرك قدميك ورجليك ، وغير ما تراه عيناك ، وغير مصادر شمك وسمعك ، فإن لم تفعل سيغادرك هؤلاء إلى مكان وزمن آخرين ، عندها ليس معك ما تتمطى من أجله ، أو يشاركك التمطي عندما تحتاجه . فتمطى قبل هزيمتك ، تمطى قبل أن تعجز أعضاؤك عن مسايرتك في التمطي . فكلما زاد وقت التمطي عندك شعرت بفرح وسرور وسعادة وأظهرت الابتسامة أسنانك ، وملأت البهجة دنياك ! فإذا حصلت على السرور لنفسك فإنك قد قمت بعمل عظيم لتلك النفس ومن حولها . فلا تنس أن تتمطى ! واذكر النظرية الهلالية في قطف ثمار السعادة بعد التمطي .

كثير من الأحداث تجعل العقل اللاواعي يعمل على تحقيق أهداف العقل الواعي . خذ مثلا أنك تحضر خطابا سياسيا ، أو تقديم أفكار حول ورقة بحثية كما حصل معي في الجامعة ، فقد كان علي أن ألقي محاضرة على الطلبة حول الشرق الأوسط ، فغادرت المبنى الداخلي في الجامعة وتوجهت إلى القاعة التي تبعد حوالي نصف كيلو متر ، وفي طريقي كنت أنظر إلى ورقة تلخص ما سأقول ، وتوقعاتي للأسئلة التي يمكن طرحها من الجمهور . فكنت أعيد السؤال ثم أجيب عنه بصوت مسموع ، ولم يكن يهمني ما سيقوله الذين يشاهدوني أتكلم مع نفسي . وكنت أعيد السؤال وأكرر إجابته في كل مرة أفضل من سابقتها . ولاحظت إحدى الطالبات ما أقوم به ، فاقتربت وقالت : هل عندك خطاب اليوم ؟ ثم أكملت حديثها وقالت : لقد مررت بهذه التجربة قبلك ، وأعتقد أنها فعالة . وتمنت لي النجاح في محاضرتي .

التدريب والمراجعة والتكرار بصوت عال وإعادة الأسئلة المتوقعة كلها تصب في خانة واحدة هي " التخلص من الخوف " . وما نقوم به عادة من التفكير المسموع ما هو إلا كمن يزيح الثلج من الطريق للمرور بسهولة ومنها إشغال النفس الحسية بما يثقل عليها حتى يقطف ثمار النجاح كخطوة أخيرة .

الاعتناء بالآخرين متعة للنفس والناظرين !

يقوم العقل البشري في عدة حالات بإنتاج ما يحسده عليه العقل الإلكتروني . فخذ امرأة أصيبت بصداع عنيف وارتفاع في درجة الحرارة وهي تنتظر ابنها الغائب ، فبدأت وهي في سريرها قراءة أشياء من كتاب ديني تعتز به ، ودون أن تعرف معانيه أحيانا إلا أنها كانت تتمتم ما حفظته في صغرها من ذلك الكتاب . وفجأة قفزت من السرير فقد نزلت حرارة جسمها إلى المستوى الطبيعي وزال صداع رأسها ، واستقبلت ابنها كما يجب أن تستقبله . ولم تستطع تفسير ما حصل ، وكل ما تعرفه أن تلك القوة التي نطق بها لسانها كان لها الأثر الكبير في تغيير حالتها من امرأة مريضة إلى امرأة صحيحة حيث غابت عنها كل مظاهر المرض الذي شل حركتها وجعلها تخلد إلى السرير أملا في الشفاء .

هل اشتريت سيارة جديدة اليوم ؟

لقد تضافرت الحاجة إلى سيارة جديدة مع الإيمان بالفخر بامتلاكها ، فهي تلمع بمظهرها الجميل ، ويكاد صوت الماتور فيها لا يسمع نظرا لاستعماله حديثا ، فهي لا تنساب بخفة فقط وإنما تقوم بأداء يبعث على الشعور بالسعادة . وأنت فخور بما تملك ، ويظهر افتخارك على طريقة قيادتها ، فيداك وذراعاك وقدماك وعيناك يشاطرونك هذا الفخر ، فأنت تقودها بعاطفة جياشة كأنك تقودها بتلك العاطفة المنسجمة مع كل ما حولك وداخل نفسك . وستجد أن حرصك على التمتع بالقيادة

يجعلك تعطي أفضل أداء يساعدك المظهر الخارجي اللماح للسيارة وماتورها الجديد . فتمطى بقيادتها وتمتع بها ومعها فهي ما تملك من الفخر بنفسك في تلك اللحظة !

السعادة البشرية

HAPPINESS

السعادة هي شعور يفرح النفس والروح معا ويريحهما ، فمثلا نلاحظ الشعور الذي يحسه الإنسان بعد تحقيق شيء له أهمية خاصة عاطفية في حياته كالنجاح بعد الدراسة المرهقة أو الشفاء من مرض عضال ميؤوس من التخلص منه ، أوعودة حبيب أو أخ أو ابن بعد طول غياب. أو بعد تحقيق ربح لجائزة تفوق التوقع الإنساني ، مثل ربح جائزة المليون دولار أو كيلو من الذهب (كما الحال في مهرجانات التسوق الذي تجري لجلب السياح)أو ربح سيارة من الجرائد التي تعلن عن مثل تلك المسابقات . كل هذه الأمور تدعو إلى السعادة في العصر الحاضر ، وكلها تمثل العقل الواعي عند الإنسان الفرد . فهل كانت هذه الأسباب من مقومات السعادة في العصور القديمة؟ ربما ، وقد قرأنا أن تلك المقومات لا تزيد عن ثلاثة في العهد اليوناني أو الهلليني القديم وهي: امتلاك بيت والحصول على زوجة ، وامتلاك ثور . وهذه مقومات السعادة عند الكثيرين في العصور القديمة ، لأن البيت يعطي الأمان والطمأنينة ويحمي من عوامل الطبيعة ونكباتها في البرد والشرد ، وكذلك الزوجة فهي من مكملات السعادة لأنها تعطي الراحة النفسية والجسدية وتقوم بخدمة مهمات البيت كما يجب ، وأما الثور فهو العنصر الثالث للسعادة في العصور القديمة وهو يساعد في

نقل الأثقال والقيام بالحرث والأعمال الزراعية بالإضافة إلى فائدته كطعام ولباس وحاجات ضرورية كالقرون والحوافر . والبيت سابق على الدولة عند أرسطو وهو الأساس لجلب السلامة والأمن والطمأنينة . أما الأسرة فهي أساس مكونات الدولة، والحياة الأسرية هي التي تجعل المجتمع يستمر والبيت هو الذي يقدم الحاجات الضرورية لساكنيه. ووظيفة الدولة ليس لحماية الملكية (البيت والأرض) فقط ، وإنما لحفظ الأمن والمساعدة على جعل الحياة للناس أفضل وأكثر سعادة. وليست السعادة في الحرية ولا في الأوقات السعيدة وهي ليست هدية من الجنة. ولكنها رهن بتحقيق الإنسان لها على الأرض. والسعادة في رأي أرسطو هي: السلوك الإنساني حسب الفضيلة. (فسعادة الإنسان تكمن في فعل الخير - وهذه الفكرة قريبة الشبه بالإسلام) فالفضيلة إذن عند أرسطو هي أساس السعادة. وهي فوق القوة والقدرة على عمل شيء وتتضمن التقدير الاجتماعي والاحترام. والسعادة وصف لقيمة مالكها. وتعني القوة التي هي خاصة بالفرد وتجعل منه إنسانا كاملا. ومما يميز الإنسان عن الحيوان في نظر أرسطو ، قدرته العقلية وهو يعتبرها أعلى ما يحوزه المرء من فضائل. وأما وسيلة الإنسان لتنشيط تلك الفضيلة فهي استعمال العقل ، وف رأيه أن البشر ليسوا قادرين على الكمال والشعور بالسعادة المطلقة. ولا يستطيع المرء الحصول على السعادة الحقيقية (المطلقة) لأنها صعبة التحقيق وأبعد من متناوله في الحياة الدنيا . ويرى أرسطو في الرجل الطيب أنه قيثارة تصدح بالموسيقى التي تشغل الروح بالفضيلة. فإذا كانت هناك أكثر من فضيلة فان نشاط الروح يكون من أفضل الفضائل. والسعادة ليست حالة أخلاقية لأن النائم لا يشعر بالسعادة وهو نائم. وليست هي حالة الثراء المادي ، والقول أن البضائع والمستهلكات تجلب السعادة كالقول أن القيثارة تعزف الموسيقى. وليست السعادة الحصول على القوة أو الحصول على الشرف. والبحث عنهما يكون لاستعمالهما من أجل التوصل إلى

السعادة، وليست السعادة شهوة جسدية أو مجانبة الألم وإلا كان الحيوان أكثر سعادة من باقي المخلوقات عند صيده فريسته. وحسب اعتقاد أرسطو فإن السعادة ليست صفة للحياة لأن النبات يشارك الإنسان فيها ولكن النبات ليست عنده قابلية للسعادة . وليس من المبالغ فيه القول أن السعادة تعتبر أعلى ما في الإنسان من طيبة وخير كمقياس لتحقيق الذات. وليست السعادة شيئا بجانب الأشياء الأخرى وإنما هي الشيء المرغوب أكثر من غيره من الأشياء. ورغم أن هذا أمرا معروفا بين الناس إلا أنهم يختلفون في معناها ووسائل تحقيقها.

طبيعة السعادة: لا بد من تحليل وظيفة الإنسان للحكم على سعادته ، فما وظيفته؟ إن السعادة مطلب كل شخص (في العقل الباطن اللاواعي) وهي وظيفة الإنسان في رأي أرسطو ليست الحياة الإنسانية فقط أو القدرة على البقاء (في العقل الواعي) ، لأن المخلوقات الأخرى تشاركه فيها كالنبات والحيوان. كما أن السعادة ليست مظهرا لزيادة الحاجات وامتلاك الصحة. وأما الشيء الثاني فوظيفة الإنسان ليست الاحساس والمشاعر بالحياة ، لأن الحيوانات من الخيول والماشية والجمال والغزلان تشاركه في ذلك. فلم يبق من وظيفة للإنسان إلا الحياة العملية المنطقية التي لا توجد إلا بوجود الإنسان. ولكن الجزء المنطقي له جانبان: أولهما انقياده للعقل. والثاني هو امتلاك العقل والذكاء. ومن الصعوبة بمكان أن يكون الناس منقادين بعقولهم التي تدعوهم لعمل الخير وفي نفس الوقت يجدون صعوبة في التحكم بتلك العقول التي تنحرف بهم أحيانا إلى عمل الشر. والحل عند أرسطو أن الحياة العملية يمكن تفسيرها بطريقتين: حالة أخلاقية ندعو وحالة نشاطية تأتمر بالعقل الخير ، والنشاط الروحي في الحياة أكثر واقعية من التصور. وسعادة الإنسان تكمن في وظيفته اذن وهي النشاط الروحي الذي يأتمر الإنسان بفعله عن طريق العقل وليس مستقلا عنه.

هل تعتبر السعادة سببا أم نتيجة لسبب آخر؟ إن كانت سببا فهي فردية وقد تكون جماعية ، فالسعادة قد يسببها الفرد بشخصيته ، ويترجمها بسلوكه ، ويطبعها بتصرفاته ، وقد يسببها الآخرون ممن حولنا خاصة ممن نحبهم ويبادلونا الحب والاحترام والتقدير. وإن كانت نتيجة فهي جماعية وقد تكون فردية أيضا . فالسعادة تظهر على الآخرين كما تظهر على الأفراد من حولنا . أما عن العوامل التي تخلق السعادة أو التعاسة فهناك عوامل داخلية تسبب السعادة أو التعاسة، وهناك أيضا عوامل خارجية تعتبر سببا أو أسبابا للسعادة أو التعاسة ، فالسعادة تكمن في وصف النفس كما هي لا كما يجب أن يراها الناس ، إذ أن القناعة كنز لا يفنى كما يقال . ومعرفة حدود القدرة الإنسانية تبعث على السعادة بلا شك . وهناك حواجز تمنع حصول السعادة : مثل الأقنعة والتظاهر بما ليس حقيقيا في حياة البشر ، ومنها حواجز الأسرار ، وقلة العقل ، والشعور بالجوع والعطش ، وحواجز ضعف الشخصية . والشعور بالندم والأسف ، والنظر إلى ما في أيدي الناس مما يسمى بالحسد ، ومقارنة النفس بالآخرين ، بالإضافة إلى الحواجز المانعة للسعادة السابقة، هناك حواجز الفشل أو الصعوبة في تحقيق الأهداف المرسومة لقلة أو ضعف الوسائل ، والنظر إلى النصف الفارغ من الكأس لا النصف المليء منه ، وبناء على ما سبق ذكره فإن هناك من هو سعيد بعقله ، ومن هو سعيد ببطنه ، ومن هو سعيد بمظهره ، وكذلك من هو سعيد بنفسه ، أو بغيره.

والبساطة أحيانا تجلب السعادة: ألا نذكر قصة زوربا اليوناني ، ذلك الرجل البسيط ، الذي يرقص كلما تأزمت الحياة في وجهه وتعقدت ، وفي الصراحة راحة أحيانا ، خاصة مع النفس ومع الآخرين ، وفي القرار بأن نكون سعداء (متفائلين) تكمن السعادة ، وليس في التعاسة (أو التشاؤم) . وتعتبر السعادة حقا مشروعا لكل إنسان ولكنها تختلف باختلاف الدور الذي نلعبه كأم ، أو كأب ، أو كمعلم ، أو كطالبة ، أو

كتاجر ، أو كسفير . وتختلف معايير السعادة باختلاف العمر :
فالصغير يختلف في سعادته عن سعادة مقتبل العمر . كما تختلف
معايير السعادة باعتبار الاختلاف في المستوى التعليمي : فالسعادة عند
الجاهل الذي لا يقرأ ولا يكتب تختلف عن السعادة عند قليل التعليم أو
متوسط التعليم أو عند خريج الجامعة .

وقد تكون الوظيفة عاملا من عوامل السعادة : وقد تكون الوظيفة
مناسبة فتجلب السعادة ، وقد لا تكون مناسبة فتجلب التعاسة ، والقناعة
عنصر فعال في السعادة لأن القناعة كنز لا يفنى فهي تمنع الحسد
والنظر إلى ما في أيدي الناس ، وقد تؤثر عوامل أخرى مثل الميول
والرغبات في السعادة وفيما إذا كانت هذه الميول بريئة أوغير بريئة
أو هي خير أو شر. وفيما يلي إجمال لبعض النصائح للحصول على
السعادة والتمتع بها : أن تكون السعادة أولا الهدف للحياة وليس
الوسيلة لشيء آخر ، والحلم بالسعادة يجلب السعادة ، والشعور
بالسعادة يجلب السعادة ، والصدق في التعامل مع الناس ، والانفتاح
والتمتع بعدم تكدس الأسرار يجلب السعادة ، والإصغاء للغير
والمشاركة في نشاطاتهم يجلب السعادة ، والتغني والاتصاف بالقناعة
يجلب السعادة ، وأخيرا فإن الثقة بالنفس مهما صغرت أو حقرت
تجلب السعادة ، وحب الناس للناس للآخرين يجلب السعادة ، ويمنع
الكراهية . فالنفس كتاب مفتوح تفتح قلوب الناس ، والتعبير عن النفس
بصدق ودون أقنعة يؤدي إلى السعادة ، والسعادة سلام مع النفس ،
ومشاركة للآخرين ، وتؤدي إلى تعاون ومحبة واحترام بين الناس .

أما المؤامرة أو ما يطلق عليه "نظرية" المؤامرة ، فهي ماركسية
اشتراكية في أصولها ، ومفادها أن الأغنياء أصحاب رؤوس الأموال
وأصحاب الأراضي ,اصحاب المصانع قد تآمروا مسبقا على العمال

الفقراء في كل مجتمع أو قل في العالم أجمع ، ومنها مؤامرة الشمال على الجنوب ، أو مؤامرة الصهيونية العالمية على العالم ماليا وفكريا أو مؤامرة. أو مؤامرة الرأسمالية العالمية ضد الأسرة لزيادة استهلاك صادراتها التكنولوجية ، فهي تفرق بين الرجل والمرأة وتدق الأسافين بين الآباء وأبنائهم ، وبين الأسرة والعاجزين فيها من الأطفال والمسنين .

وبصورة أخرى فإن كل ما لا يرى بالعين المجردة أي لا يمكن تحديده زمانا أو مكانا هو السبب في المؤامرة . فهو الرأسمالية أحيانا ، وهو الاختراعات التي تساهم في ضعف عرى التواصل بين أفراد الأسرة أحيانا أخرى ، وهو أحيانا التنافس أو التناشز بين القرية والبادية من جهة وبين المدينة وتعقيداتها من جهة أخرى . فكيف نضع إصبعنا على المؤامرة أو الإشارة إلى المتآمرين في هذا الحال؟ إذا سلمنا جدلا بأن هناك تآمر ضد النفس أو النفوس الإنسانية فردا كانت أو على شكل أسرة ، أو على شكل مجتمع نام أو مجتمع نائم ؟

لكل سؤال وجهته في الدماغ فالسؤال المتعلق بالمكان يتجه من اليمين إلى اليسار في أعلى الدماغ بينما السؤال المتعلق بالمعرفة يأخذ نفس الجهة ولكن في أسفل الدماغ وهذا يعني أن المكان يحتاج خرائط وزوايا وجهات وأماكن عددية وقياسات كميةQuantitative)بينما أسفل الدماغ يجيب على النوعية Qualitative للشيء لزيادة المعرفة . وهذا يختلف باختلاف المجيب على السؤال .

سؤال ماذا ترى؟ ليس شبيها بسؤال أين ترى ؟

لأن الإجابات على أين محددة ، بينما ماذا ترى فهو يحتمل وجهات نظر مختلفة وإنشاء وخيالات وتصورات . ويمكننا القول أن الطالبات يعطين اهتماما أكثر لسؤال : ماذا ؟ واهتماما أقل لسؤال : أين ؟ لأن جواب أين لا يحتمل جوابين . بينما ماذا يحتمل عدة إجابات .

حين تفكر النساء في شيء ما فإن دماغ المرأة المحبطة تنتج نشاطات عاطفية أكثر من الرجال ، لأنها تربط الماضي بالذكريات والأفكار السابقة . ولدماغ المرأة حالات هي حالة الانكفاء على الذات (الانطوائية) وهي تترجم بالبعد عن الناس وعن باقي الأسرة وحالة الكسل البطيء والنوم .

نصائح مجانية وبدون ثمن

صادق عقلك يساعدك على حل المشاكل

استعمل عقلك حتى لا يصدأ

اهتم بعقلك مثل اهتمامك بشيء تحبه كسيارتك

حين تتحدث لا تنس استعمال عقلك

ولا تخرج من البيت إلا وعقلك معك

إشكاليات الحرية وروح القانون عند العرب

تعتبر أزمة الحرية في المجتمعات التقليدية من أهم المواضيع الجدلية في الحياة الثقافية العربية اليوم . والأهم من ذلك، أن الخلاف الكبير بين الشرق والغرب يدور جزء غير يسير منها حول إشكالية الحرية، ففي الغرب يعتبر الحل الإسلامي في جميع صوره وتنويعاته، معاد للحرية. مما يجعل الخلاف يأخذ أبعاداً مهمة بناء على ذلك التصور . خاصة عندما يصور البعض التغريب بوصفه سبيلاً يحتذى لممارسة الحرية، مما يشكل تهديدا للتراث العربي والإسلامي بوصفه عائقاً أمام ممارسة الحرية. وهذا التصور ، يفجر قضية‌الحرية مقابل ما يسمى بالقهر الذي يوصف به التراث العربي والإسلامي لتسهيل الحرية بقالب غربي.

وبالنظر في الأمر فإن للحضارة الغربية دلالات متعددة تؤثر سلبا أو إيجابا في أي حضارة خارج وعبر الحدود ، بما فيها الحدود العربية ، فهي ممارسة الفرد لحريته بعيدا عن الجماعة حسب القوانين التي تسنها الدولة الفدرالية أو المحلية ، حيث إن لكل دولة الحق في وضع قوانينها بما يتناسب مع سكانها . بينما يرى الناس الحرية في العالم العربي ممارسة الجماعة للحرية بعيدا عن الفرد. ولكن الحرية في الغرب تمارس ضمن حدود مرسومة وليس حرية إباحية تقف ضد تلك الحدود أو القوانين . والناظر إلى العرب اليوم كحكومات وشعوب في الوقت الراهن ، لا يفقد الحكم على وصف العرب بأنهم منقسمون كأنظمة سياسية إلى فريقين متصادمين

89

وكلاهما يبحث عن الحرية فلا يجدها ، وكلا الفريقين يقيس الحرية بمقاييس مفصلة لهذه الأنظمة . مما يصعب على المتنورين والعقلاء والنابهين من أبناء هذه الأنظمة البت والفعالية في بسط الحرية دون عقاب من الفريقين . وهذين الفريقين هما :

1. فريق فيه الشعوب عالة على حكوماتها ،

2. وفريق فيه الحكومات عالة على شعوبها

وتضيع الحرية عند كل فريق منهما ، وتظهر إشكاليات لا بد من بيانها والخوض فيها ، لإصلاح ما فسد في كل منهما ، وهذا ينطبق على العالم العربي بكل نظمه السياسية . والمشكلة الرئيسية كما أراها لا تقبع في المقدس ولا في رفضه ، وإنما أصفها بشارع تم فتحه منذ القدم تعبره الأمم فزادت فيه الحفر الواسعة والمتعددة حتى أسبح بلا لون ولا استقامة ولا صلاحية للسي فيه مشيا أو في عربة على عجلات ، ولم يقم أحد بإصلاحه ، ولا بتنويره ولا برقعه ، فزادت الإشكاليات التي لا بد من النظر فيها وفهمها من أجل الحيلولة دون النوم عليها أو التعذر بعدم جدوى حلولها أو عدم مناسبتها لمجال الحرية . وهذه الإشكاليات هي :

الإشكالية الأولى في المجتمعات التقليدية . لذا فإن تعريف الحرية وفهم معناها يختلف في بلاد العرب عن معناها في بلاد الغرب. فالحرية المقدسة حسب المقدس من الأديان ليست مفهومة ولا مطبقة لا شرعا ولا قانونا ، ويعتقد البعض أن الغرب وفهمه للحرية يريد إرغامنا على اتباعها ، ونحن (كعرب) لم نصل بعد إلى مستوى تطبيقها عبر القوانين لا الشرعية ولا الوضعية .

والإشكالية الثانية نابعة من الإشكالية الأولى وهي الظن بأن الحرية في الغرب حرية مطلقة ، وأنها إباحية حتى ضد القوانين التي تتغير كلما ثار عليها الناس فألغوها وجاؤا بتغديل لها أو تغييرها نهائيا ، وهذه الإشكالية لا تخلو من الغموض ، حيث إن الجزء الأول غير صحيح فالحرية مقيدة حسب القوانين المرعية في دل دولة ، أما الجزء الثاني من الإشكالية ، وهي حرية التفيير أو التعديل فهي حقيقة يمارسها المواطن في حدود القانون ، وتوضع المشكلة غير المرضي عنها فتقدم في مشروع قانون للموافقة على التعديل أو التغيير من قبل المواطنين . وهذ الشق من الإشكالية حق من حقوق المواطنين ووجه من وجوه الحرية الذي لم يفهم من العرب

معتقدين أن الحرية في الغرب مطلقة ، وبناء عليه لا يجوز تعديل القوانين تمثيلا لحرية المواطنين.

أما الإشكالية الثالثة ، فهي المبدأ الذي تقوم عليه الحرية وهو مغاير للأسس التي تقوم عليها الحرية في الوطن العربي . فالمبدأ الغربي لأساس الحرية هو اختراق حدود المقدسات بينما عند العرب فالمبدأ هو الاعتماد على هذه المقدسات التي هي خارج نطاق الحرية وليست محلا للتغيير . ومع أن الجزء الأول من الإشكالية قد يكون مبررا عند العرب ، إلا أن فهم الجزء الثاني منها يسبب مشكلة للحرية الجماعية والفردية على حد سواء . فالناس يتبعون عادات وتقاليد عفى عليها الزمن واكتست شرعية عبر عصور الجهل والتخلف ، مما يستدعي النظر فيها وإعادة صياغتها لتتناسب مع العصر الحديث ومصالح الناس . خذ مثلا الجهل في كثير من الأمور هو السيد المطاع أساسا وسلوكا والمثل على ذلك قتل المرأة الزانية وقطع الأوصال للمجرمين والسارقين ورجم الزناة . واعتبار الولد مفخرة للآباء تغطي على وضع البنت في الأسرة . وتصبح المسألة عند الجهلاء أنها تحد للقانون مع أنها تحترم القانون وتحاول تعديل ما جاء به من جهل تصور التطبيق له. واعتبار المقدس نظرية وسلوكا لا يحتاجان تعديلا أو تغييرا. فالعقاب للخارجين عن القانون في الغرب هو العقاب للخارجين عن القانون في الشرق . ولكن التطبيق لمفاهيم بالية تأخذ صفة القانون بين الجاهلين يعتبر إشكالية كبرى في فهم الحرية . فالمقدسات أمر هام ولكن تصور الناس في تقديسها وتطبيق بعض أحكامها مما يتنافى مع الحقوق المشروعة للفرد يشكل خلافا كبيرا يدعو إلى التساءل.

الإشكالية الرابعة للحرية هي تطبيق القوانين السرمدية من سلطات لا تتسم بالعدل في تطبيقها ، وكأن القانون شيء وتطبيقه شيء آخر ، والتفرقة في التطبيق بين الناس لا تجعل للقانون معنى ، مما يتسبب بما لا يتناسب مع المشكلات الحديثة التي تتصل بالفساد الحكومي والتقاعس عن تطبيق العدالة من خلال القوانين في الثورة على الفساد مثلا ضد من يجير القوانين لمصالحهم الخاصة بدلا من العدالة في التطبيق والمساواة أمام القانون . فالطبقية والرشاوي والمعارف والعلاقات الظاهرة والخافية تطغى على القانون في كثير من البلاد العربية ، فيصبح القانون شماعة للملابس القذرة يعلق عليها الفاسدون والمنحرفون عن عدالة تطبيق القانون ملابسهم القذرة دون رادع أو ضمير حي . وهذه إشكالية تستدعي من الشعب ممثلا بالمثقفين المسلحين بالعلم والنباهة أن يعملوا على تغييرها ، فإذا فعلوا نظرا لأن القوانين تتسنم مكانة قدسية عند الحكومات ، فإن تلك الحكومات تتصرف بأسلوب

غير حضاري معهم عن طريق استعمال وسائل قمعية دون إعطائهم فرصة للدفاع وتبيان الحقائق حول القوانين المذبوحة وضياع عدالة وضعها ، فيستخدمون رجال البوليس وأزلام السلطة لمنعهم من التعبير عن سخطهم حول أخطاء يسببها عدم تطبيق القانون أساسا وروحا . كما تقوم الحكومات بإغلاق منابرهم والزج برؤسائهم في السجون دون محاكمات أو محاكمات شكلية لإرضاء العوام وذر الرماد في العيون . وتبقى العدالة وروح القانون في غيبوبة ، حتى يكون مزاج القائمين على سن القوانين مرتاحا ، فيقومون بتغيير بعض الوجوه ، وليس بعض القوانين التي تعتمد في أصولها على العدالة العالمية . ويبقى الحال على ما هو عليه بل أسوأ حالا فتسود الفوضى ويتجه الشباب إلى العنف كوسيلة سهلة للشكوى التي لا تجد حلولا عقلية لامتصاص غضبها وسماع أقوالها والعمل على تغيير عوامل أسبابها .

أما الإشكالية الخامسة في فهم الحرية فهي معنية بمشرعي القانون أساسا ، فمعظم القوانين العربية أما لا توجد أساسا خارج نطاق القبيلة ، أو أنها مستوردة من الغرب. لذا فهي ليست مقدسة ولا تمثل دينا ولا شريعة ولا عقيدة ، فطبقات الشعب ليست موحدة من حيث الأديان والمستوى التعليمي والإقتصادي والسياسي ، وإن استمدت بعض أحكامها من الشريعة في بعض البلدان فهي تتناسى ما لمواطنة من حقوق وواجبات ، فينتشر الظلم في التفرقة كنتيجة في تطبيق القوانين التي تجور أحيانا على بعض الأقليات فتخرجهم من الملة ومن المواطنة وتجعلهم غرباء في أوطانهم باسم القانون الذي وضع أساسا لإقامة العدل والمساواة في التطبيق . وهذه الإشكالية لها أهمية خاصة ، لأن تصور الخروج على عملية تطبيق القوانين إنما هي دعوة لتغليب القوانين الغربية على القوانين التراثية مع أن القوانين التراثية لم تعد صالحة للبت في قضايا الشعوب مع غياب العدالة والتطبيق لتلك القضايا. والمسألة حسب المثقفين والنابهين من أبناء البلد في كل بلد ليس القوانين التراثية المقدسة بل ما تناثر منها فأصبح قاعدة للتطبيق للقوانين المستوردة . وهذا أمر لا يجب السكوت عليه. وخذ مثلا الفقر العام بين طبقات الشعب وتفاوت الطبقات والتمييز بين العائلات والمراكز القبلية والعسكرية وفقدان العدالة والمساواة كأساس لحفظ موارد الشعوب للشعوب ، وزيادة أعداد الأميين وقلة فرص العمل ، كلها عوامل تساهم في فهم الحرية عند العرب وغيرهم من البلدان المتخلفة .

وفي الختام ، أرى أن قهر الشعوب لا يدوم ، وإن الفهم لمسببات هذه الإشكاليات أمر ميسر ، وحلها أكثر يسرا ، وأن طرقا ومناهج إنسانية وعقلية لفهم أسباب

الشكاوى وطرق حلها بما يتناسب مع حجمها في فئات الشعوب المتطلعة إلى العدالة لا يتعارض مع الحرية في شيء ولا ينال من المقدسات في شيء ، ولعل المجانين من أبناء الشعب أو الذين يتهمون بالجنون فيهم من يجد الحلول لحرية الشعب على مستوى الأفراد والمجموعات . وهذا أمر لا يدخل فيه الغرب طرفا ، لا أوروبا ولا الولايات المتحدة ، ولا غيرها له دخل في موضوع الحرية التي تذبح كل لحظة في بلاد العرب ، فدعوا الغرب في مشاكله التي تختلف اختلافا جوهريا عما عندكم يا عرب ، واهتموا بمشاكلكم وابنوا الحلول لتلك الحرية على أساس العدل والمساواة وهما الأكثر تقديسا من كل شريعة تنادي بها ولا تطبقها بين تابعيها. وسيبقى الفريقان اللذان ذطرتهما غي بداية المقال هو الحال لسنين قادمة ما لم تتح الفرصة للإصلاحيين العقلاء المؤمنين المتنورين بالحرية مبدأ وروحا .

د. حسن يحيى – ميشيغان – الولايات المتحدة أبريل 2008

93

أنواع العنف ضد النساء

يعتبر العنف ضد المرأة ظاهرة سلبية تظهر في الدول النامية والدول المتنامية على حد سواء ، مع أن حوادث العنف في الأسر تعتبر حالات خاصة تمر بالكتمان في أغلب الأحيان ، حتى أنها لا تنشر للجيران أو السلطات الرسمية عبر مراكز البوليس أو الصحافة ، ولكن استمرار تلك الحوادث وحجمها قد أخرجها من الخصوصية إلى الرأي العام . وفي هذا المقال يعرض الكاتب ثلاثة من مظاهر العنف ضد النساء في العالم .

أولها العنف الأسري: ففي الولايات المتحدة تقع حوادث اعتداء بالضرب على المرأة كل 18 دقيقة . تعتبر الاعتداءات سببا رئيسيا للجروح والكدمات التي تظهر على وجه النساء ، خاصة النساء بين الخامسة عشرة والخمسين في العمر . ومن خلال ملفات غرف الطواريء في المستشفيات فإن نسبة 22 إلى 35 % في المائة من حالات حوادث النساء تكون نتيجة لذلك العنف المدني ضد النساء .

وفي البيرو فإن هناك 70% في المائة ، من مجموع الجرائم التي تصل مراكز البوليس تكون لها علاقة متصلة بالاعتداء بالضرب على النساء من قبل أزواجهن، ولا تخل دولة من دول العالم من تخلو من حادث الاعتداء الجسدي واستعمال العنف مع النساء ، حتى أن جمعيات حقوق الإنسان ومؤسسات النفع العام قد شاركت في فضح هذه الأعمال البربرية ضد النساء ، حيث أعلنت أن النساء في باكستان تتعرض للعنف الجسدي وأن هناك تقرير بأن 400 حالة في عام 1993 في مقاطعة واحدة غرب باكستان يقال لها البنجاب . وقد أفادت التقارير أن أكثر من نصف هذه الحوادث انتهى بوفاة الزوجة .

ولم يكن الاهتمام العالمي للمعاملات القاسية للنساء إلا بعد أن نجا لاعب الكرة أو. جي. سامبسون من تهمة قتل زوجته وصديقها في كاليفورنيا بالولايات المتحدة قبل عقدين من الزمان ، حيث كان للخبر أصداءه في الصحافة العالمية التي بدأت تهتم بقضية شائكة تهم العنف ضد المرأة وتدافع عنها ،

وفي العالمين العربي والإسامي ما زالت النساء لأسباب تتصل بشرف العائلة تتحمل العقاب بما يسمى جريمة الشرف ، نظرا لأن شرف الالأسرة في الدين مرتبط بشرف المرأة ، وقد تقتل المرأة لمجرد الشك في أمرها بعد إشاعة مغرضة ، فتفقد المرأة حياتها دون دفاع عن نفسها . مما يساهم في زيادة العنف في تربية البنات على مستوى الأقاليم ، رغم أن كثيرا من الدول بدأت بوضع قوانين صارمة لتقليم تلك العادة وهي قتل المرأة من قبل مقرب لها يكون أخاها أو أباها . وبدأ الاهتمام أيضا بتبيان أهمية التربية بالحوار والمعاملات الإنسانية للبنات والبيني على حد سواء ، ووضعت قوات خاصة من الأمن العام لمتابعة هذه القضايا وطلبت من المستشفيات أن تقدم المشورة والتوجيه للجمهور حتى يزيد من التوعية في هذا المجال . وحتى أن بعض الدول أدخلت مساقات في مدارسها الثانوية تحض على حل المشاكل وعدم استعمال

العنف في حلها ، أما في الدول المتقدمة فقد فتحت المنشآت المجانية ومراكز الاستشارة لاستقبال تساؤلات النساء وتقاريرهن حول العنف ضدهن .

والنقطة الثانية في العنف الأسري تتعلق بالطهور ، الذي يتعدى الذكور إلى الإناث في بعض الدول والتقاليد ، ومع أن طهور القتيات ليس من الدين في شيء فهو مرتبط بتقاليد متوارثة في جنوب مصر والسودان ومعظم دول أفريقيا الوسطى وجنوب شرق آسيا ، وقل أن نجد عادة تطهير الإناث في دولة غالبيتها مسلمون كما يعتقد البعض ، ولكن بعض الحاقدين ممن يكرهون العرب والمسلمين يتهمونهم بهذه العادة رغم أنها منتشرة في نواحي فيها أقليات من المسلمين يمارسون عادت قبلية لا يوافق الإسلام عليها .ويدعي من يقوم بعمليات تطهير الإناث أن العملية تقلل من لذة الفتيات ومن شغفهن في المتعة الجنسية ، وهو حق من حقوقهن عدا عن أن الذين يمارسون التطهير للفتيات الصغيرات ليسوا مهرة بل هم مبتدؤون في أعمالهم وغالبيتهم من الحلاقين في تلك البقاع مما يتسبب في وفاة العديد من الفتيات نظرا للالتهابات والمضاعفات التي تتبع عملية التطهير.

وهناك في العالم ما يقرب من 85 إلى 115 مليون فتاة وامرأة تتعرض لهذه العمليات وتقاسي نتائجها النفسية والجسدية ، مما يستدعي اهتماما دوليا على مستوى هيئة الأمم ، وفي كل عام هناك تقديرات تتراوح بين مليونين وثلاثة ملايين فتاة في العالم تتعرض لمثل تلك العمليات الشنيعة ، معظمها في دول أفريقيا وأسيا ، كما أن عددا منها قد حضل في أوروبا وأمريكا الشمالية بين المهاجرين القدامى والجدد من الدول الأفريقية والأسيوية الذين اعتادوا ذلك في تقاليدهم . ففي فرنسا مثلا ، أدين رجل لقيامه بتلك العملية لفتاة فقدت حياتها بعد عملية تطهيرها ، وفي كندا أضافت سببا جديدا لقبزل المهاجرين كلاجئين سياسيين إذا تعرضوا لعمليات التطهير وهربوا من ممارستها أو القيام بها .

وقد بدت الكثير من المؤسسات والمنظمات الحكومية والشعبية بنشر معلومات تساعد على منع عمليات تطهير الفتيات ، لما لها من مضاعفات جسدية ونفسية وأخلاقية على الفتيات ومستقبلهن . ويكاد يكون هناك إجماع عالمي على نبذ هذه العادات التي تقلل من قيمة المرأة على أنها إنسان قادر على التفكير وحماية نفسه في المجال الجنسي .

أما النقطة الثالثة فهي الاهتمام بالذكر أكثر من البنت فكم من النساء من تعاني من هذه المسألة ففي الهند تقام عمليات الإجهاض لحوامل الإناث في مئات العيادات ، وتموت المئات من النساء أثناء تلك العمليات أو بعدها نظرا للالتهابات والتطورات الصحية السلبية . ولا يسمى عند العرب أو المسلمين الشخص بأنه أبا لفتاة بل يقال له أبو ذكر ، أي اسم الولد الذكر ، ويتمنى الكثيرون من الأزواج بناء على تلك التقاليد أن تكون المرأة حاملا بمولود ذكر أكثر من تمنياتهم للمولود الأنثى . حتى أن الرجال يطلقون زوجاتهم لحملهن بالإناث ، أويتزوجون على نسائهم من أجل الولد . وهذه عادات سيئة تقلل من احترام الأنثى في المجتمع ويدعو إلى عدم تعليم النساء وسرعة تطبيبهن في حالة المرض والتقليل من أهمية تغذيتهن كما يفعلوا مع أبنائهم الذكور .

وفي الصين والهند مثلا تقرر كثير من النساء يحاولن عمليات الإجهاض للتخلص من الجنين إذا كان أنثى بينما يبقين حملهن في حالة الحمل بذكر , لدرجة أن إعلانا صريحا ورد في الصحف لزيادة عمليات الإجهاض ، يقول : من الأفضل أن تدفع مبلغ 40$ دولارا بدلا من دفع 3000$ دولار مهرا لابنتك ، كما وجدت دراسة قام بها أحد المشتشفيات في الهند بين النساء اللواتي يقدمن على عملية الإجهاض فكانت النتائج مروعة تدعو إلى التساؤل. حيث إن أكثر من 95% في المائة من حالات الإجهاض كانت لنساء حوامل بجنين مؤنث . ويعني ذلك أن 4% في المائة فقط يقام الإجهاض لحالات تكون الأم حاملا

97

بالذكور . حتى أن الدول المتقدمة أحيانا تؤكد تلك النظرة الدونية للمرأة ، وقد عرفت نكتة عن محمد علي بطل الملاكمة العالمي حين سئل عن أولاده فقال : ولد واحد وسبع غلطات . وكان ذلك للدعابة وليس مقصودا بالطبع .

النقطة الرابعة في هذا المجال هي المهور وكيفية دفعها ، والمهور هي مبالغ من المال أو الأشياء المنقولة ، فإذا لم تدفع أو قصر أحد الفريقين في دفعها فإن قتالا بين الأسرتين يبدأ ولا ينتهي إلا بعمليات عنف لتحصيلها . بالإضافة إلى أن كثيرا من الزيجات تحصل دون موافقة الفتاة على عريسها الذي تختاره الأسرة دون علمها ، وقد جاءت الأخبار بأن هناك أكثر من خمس نساء في اليوم الواحد يفقدن حياتهن بالحرق أحياء للخلاف حول المهور وعدم دفعها .

فيما سبق بينا أربعة ظواهر تساهم في التأثير على مركز المرأة في المجتمع ، وعلى المجتمعات أن تعدل في النظرية والتطبيق في معاملة أبنائها القتى والفتاة بعدالة في التربية وتقديم الخدمات والتقدير الجتماعي ، وهذه أساسيات تنبيء بالتقدم الحضاري الذي تحاول الشعوب أن تصل إليه ، فإذا حصل التقدم في هذه المجال قل العنف تجاه النساء وذلك مقياس للتقدم الأخلاقي لكل أمة واتباع الأديان في هذه القضايا وليس العادات والتقاليد للحفاظ على البنين والبنات على حد سواء . (1194 كلمة)

المرأة وقراءة البخت

التوجه الى قراءة البخت والاهتداء بها في كل مجال من مجالات الحياة أمر طبيعي عند الرجل والمرأة ، ولكنه عند المرأة أكثر إثارة واستمتاعا. منها أن قراءة الحظ تجعل المرأة أو المرء متفائلين. كما تفتح آفاقا جديدة من المرح والنشاطات بين الشباب لقراءتها والتندر بها في اجتماعاتهم . فالحياة مملة اذا لم تكن هناك لحظات للتندر والفكاهة فيها. أكثر من ثمانين بالمئة من الناس في العالم الصناعي يعرفون اشارة ميلادهم ولا تفوتهم الفرصة لقراءة الحظ في رحلاتهم أو أوقات فراغهم في الجرائد والمجلات التي يقرأونها. ان الناس الذين يطلعون على المعلومات الموجودة في هذا الكتيب والخاصة بالحظ هم أقدر على فهم الحياة من غيرهم ممن لا يهتمون بقراءة الحظ. ذلك لانهم منفتحون على المعرفة وهم اجتماعيون ويحبون المشاركة في النشاطات

الفكرية والرياضية. والحياة ليست سهلة حتى نفصلها لمقاسنا ففيها من المصاعب والمشاكل مالا يستطاع حمله اذا سلم المرء نفسه للأوهام السلبية ولم يحاول التغلب على هذه الصعاب وتحويلها لصالحه. فمن منا لا يريد أن يكون كاملا؟ ومن منا لا يريد أن يكون موفقا في غرامه أو عمله أو زواجه؟ ومن منا لا يريد أن يكون محبوبا من معارفه وأهله ومحبيه؟ ومن منا يكره أن تكون له علاقات ايجابية مع الآخرين؟ ففي أحيان كثيرة يكون تصور الكمال سعي إلى الكمال. ويكون تصور الحب نشر الحب . وتصور العطف أسباغ العطف . وتصور العفاف تمتعا بالعفاف ، وتصور السعادة جالب للسعادة. والتفاؤل كثيرا ما حل المشاكل التي تعترض البشر. بينما التشاؤم يزيد المشكلة تعقيدا. وكما قيل: انظري دائما الى الماء الباقي في الجزء الأسفل من الكأس وليس الى الجزء الفارغ في الجزء الأعلى من الكاس. فالحياة رغم صعوبتها فهي جميلة . وجمالها في وجود المشاكل فيها. لأننا سنقبل التحدي ونعمل جاهدين على حل هذه المشاكل التي تعترض سبيلنا. فالحياة بلا مشاكل تكون مملة . وحياتنا أفضل من حياة من سبقونا. اسألوا الآباء والأمهات والأجداد والجدات عن صعوبة الحياة في أيامهم. وكم تعبوا وكافحوا للتغلب على مشاكل أيامهم. فقد قبلوا التحدي وصارعوه حتى وفروا لكم الحياة الحرة الكريمة وحتى كبرتم وتهيأت لكم أسباب الراحة والسعادة.

ولعلي في الختام أهمس في أذن كل امرأة أن تزرع الأمل في كل ما تعمل وما تقول وما تفكر وليس قولا مشكوكا فيه أن المرأة التي تهز السرير بيسراها تستطيع أن تهز العالم بيمناها ، فهي الأم وهي الخليلة وهي الأم المشجعة لأبنائها ، والأخت الواقفة بجانب شقيقها تحثه على

المضي في طريق الصواب ، وهي الزوجة الصامدة مع زوجها في معترك الحياة بما فيها من خير ونعمة وشر ونقمة ، وهي الباحثة عن رائحة الورد في الورود بدلا من الشوك . وهي الأيدي الناعمة في برنامج نواعم تسطع شمسها على ظلام العقول وسلبيات الحياة في الأسرة والمجتمع وتمنح الأمل في الأرواح التائهة وتبحر في بحور الفن بجميع أنواعه الترفيهية والترويحية والإرشادية والتعليمية ، أيتها المرأة ، يحق لي أن أفخر بوجودك فلولاك لما أشرقت شمس ولا تحقق حلم ، ولا حملت بالمسيح العذراء مريم ، فاهنئي بمراكز العلياء والكرامة والكبرياء ، فأنت المرأة ، ولا حياة بدونك ، فأنت أنت الحياة كلها . (481 كلمة)

الحب والغرام والأبراج

تستطيع دراسة الأبراج أن تحدد لكم أي الاشارات مهمة في حياتكم. وقد تلاحظون أن مجموعة أصدقاء ينتمون الى نفس الاشارات. ولا نقع عادة في حب شخص ينتمي الى نفس الاشارات. ولكن من نقع في شباك حبهم تكون لهم أو لهن نفس الاشارات تقريبا. خاصة في الأمزجة والتأثر تجاه أحداث الحياة ، ما يسر منها وما يغضب ، وتستطيع الأبراج أن تحدد لكم كذلك الحس الشخصي بأن هناك شخص متميز يتقرب منكم فتتقربون إليه أو إليها . كما تستطيع الأبراج أن تؤكد أن حدسكم تجاه شخص معين أكثر الأحيان صحيحا. وحين تعلم أن الوقت مناسب للبحث عن الحب فانك تنظر الى الآخرين بطريقة مختلفة ، متميزة . ومع أن أي علاقة حب قوية قد تعترضها بعض الصعوبات الا أنه لا يجب أن يكون اليأس أحد وجةهها ، ولتنتظروا متى تحدد الأبراج عودة ذلك الحب أو ايجاد حب جديد. كما تعطيكم الأبراج فرصة البحث عن شريكة أو شريك الحياة بتأن وصبر. فلا تيأسوا من محاولة البحث دائما وستصلون

الى ما تريدون. فلا حياة تدوم مع اليأس ولايدوم اليأس مع الحياة ، ففي الحياة الكثير من المطبات وما علينا إلا أن نقف على أقدامنا بعد كل كبوة ، ونبدأ من جديد بنقوس رضية تستقبل الحياة بروح مرحة طامحين إلى السعادة التي تنتظرنا مهما طال انتظارنا لها فهي آتية لا ريب فيها ، وما علينا إلا انتظارها لنتمتع بها مع من نحب من الأهل والأقارب والمعارف والأحبة . (234 كلمة)

تمتع بالقراءة

عشر جلدات

د. حسن يحيى

العنوان : لباس البنطال يكلف لابسته في السودان عشر جلدات

اسم المجني عليها: لبنى أحمد حسين

المنهة : صحفية ومترجمة في مؤسسة دولية ،

العمر: بالغة

العقلية : عادية

الطول : همسة أقدام وهمس إنشات . (حذفت الخاء بمناسبة الحدث واستبدلت هاء نظرا للهجة المهلية السودانية ـ فاقتضى التنويه)

اللون : بيتنجاني أسود أو قمحي غامق ، (على كل اللون ليس مهما)

وقبل التعليق أود القول أن مثل هذه الحوادث لا يقلل من عظمة السودان فهو بلد عريق في الحضارة حتى قيل أن آدم بدأ سودانيا أفؤيقيا ، وتاريخه العريق يشهد وحدة أراضيه ولا أريد أن يظن القاريء أني أتهجم على السودان ، وهو بلد يحب كل الناس والناس يحبونه ، وقد هزني ما تناهى إلى سمعي وبصري قصة المرأة الصحفية فكان هذا المقال وهو موجه ضد الجهل في الأحكام وتحميلها ما ليس منها ، والسودان يكافح طيلة تارخة ليوحد كل الملل والنحل والعلل تحت سقف واحد ، وهو ما يتنافى مع توجه الناس في القرن الحادي والعشرين المعروف بالتحلل من القيم واستبدالها بقيم جديدة كالمواطنة الحقة التي لا تعتبر الأديان ولا الطقوس أساس لتوحيدها فالعدالة بين الناس تحتاج عقلا زرعه الله في الرؤوس البشرية لتفكر لا أن توضع في قماقم الجن وأصحاب الجبروت من الجهلاء . فعالم الأمس يختلف عن عالم الغد ناهيك عن عالم اليوم .

والسدان بطبيعة جغرافيته وميزو سكانه متعدد اللغات والأجناس والأديان ، وكان الأحرى بأهل السودان أن تتجمع كل أطيافه تحت عنوان المواطنة بدلا من راية الدين ، وهذا عقليا ، لا يقلل من أهمية الدين ولا العقائد فالأرض هي العمل الموحد المشترك لسودانيين والسدان كبلد عريق. ونحن نعلم أن تاريخ السودان قد تعرض لمكالبات عليه وعلى مصادره قوى الإستعمار والبغي من داخله وخارجه ، سنين طويلة ، وبقي أهل السودان يحملون تراثا غنيا يجمع ، بينهم يحسدون عليه من بقية الدول العربية والإفريقية ، وهذا التراث هو الشعور الأسري تجاه كل سوداني آخر مما نشاهد استمراره في بلاد الغربة ، فعلاقاتهم فيما بينهم أقوى من كل دين وأسمى من كل عادة ، فاسوداني أخ للسوداني دون النظر للون أو دين أو جاه ، وبساطة أهل السودان تظهر في تلك العادة الأصيلة وهي احترام بعضهم البعض حيث يجد

السوداني من السوداني المعملة الطيبة دون سابق معرفة ودون صلة قرابة أسرية .

ونظرا لتعدد اللغات والأديان والعادات في بلد مترامي الأطراف جغرافيا فقد اختلفت الحياة البشرية بين شمال السودان وجنوبه وشرقه وغربه ، وبدلا من أن يتوحد السودان بكافة أطيافه وأن ينبذ الفرقة فيما بين السودانيين أنفسهم تظهر بعض الترهات والتفاهات من أفعال تؤذي الصمير الإنساني من قبل من يعطون أنفسهم حق الألوهية لاستعباد الحرية التي نادت بها كل الأديان ، فكانت هذه القصة ، قصة الحكم بجلد الصحفية مما يعكر صفو الحرية التي ناضل السودان عبر العصور من أجلها حيث كان وما زال من بين أبنائه العلماء الأفاضل في كل مكان من القادة العادلين والأطباء والمهندسين والفلاسفة المتنورين يملأون بقاع الأرض تشير إلى عراقة السودان الموغلة في التاريخ ويمثلون عراقة الكفاءات البشرية والطبيعية بخفة دمهم ومسن معشرهم ولطف حديثهم وحبهم للعدالو ، ولا أريد أن يظن بالكاتب أو بالسودان سوءا في هذا المقال ، فهو عن فئة ضئيلة ضالة عن العدالة في تطبيق الأخلاق والأمر بما لم يأمر به الأنبياء والقديسون من زمن لوط ونوح عبر عيسى إلى محمند عليهم السلام . تلك الفئة الضالة ما زالت تعيش قرون التخلف والجهل بينما يحاول العملاق السداني أن يقوم من كبوة الاستعباد وظلم العباد التي كرسها الطامعون في أرضه وثرواته . وليعذرني القراء الكرام على هذه العجالة في التقديم قبل الدخول في التعليق على حادثة العقاب الجسدي للابسات البنطلونات . بينما يمرح القتلة والزنادقة وأعداء وحدة السودان أحرار طليقين من وجه العدالة . يهينون مبدأ المواطنة الحقة والحياة الكريمة لكل سوداني ، فكان هذا التعليق. آملا أن يسهم في فهم السودان وعظمة تاريخه وبيان الأخطاء والأخطار التي يرتكبها بعض الجاهلين بالضمائر

والأحاسيس البشرية فيسيئوا للبلد بدلا من العمل على بنائه أفرادا ومؤسسات.

تفاصيل القضية: ألقت الشرطة (قسم خاص في الشرطة للآداب العامة) في العاصمة السودانية على الصحافية السودانية لبنى أحمد حسين (اسمها الثلاثي لإشهار الفضيحة) بتهمة غريبة جعلت القاصي والداني يعلق ساخرا أو ألما على تلك التهمة مع بدايات القرن العشرين . كما تم القبض على عدد من النساء السودانيات من بينهن الصحفية المتعلمة المثقفة والمشهود لها بالخلق المستقيم ، حيث لم يبد عليها خلاعة ولا عهر يستدعي القبض عليها من قبل شرطة الأخلاق ، وكأنهم دوي أخلاق وهم بشر قابل للخير وقابل للشر كغيرهم من عباد الله البشر ، فماذا كانت التهمة؟

التهمة: هي لبس بنطال (بنطلون) جينز أو نوع آخر يوحي بأن للمرأة أردافا وقفا من المفروض أن يكون مستورا بلباس فضفاض كلباس السودانيات حتى لو كشف العنق وتدلى الشعر من ثناياه وبان الذراع حتى الإبط ، ويسمى شالا عند العوام والمتعلمين . وقد شوهدت المتهمة تجلس في مكان عام وليس خاصا بل مع العشرات من النساء والرجال .

الذنب: الخروج على العادات والتقاليد من إظهار العورة المستورة ومخالفة التقاليد والعادات ، والتشجيع على التمرد على العادات والتقاليد بين النساء السودانيات .

التعليق: كم فتاة في العالم العربي والإسلامي يلبسن البنطال ، بالتأكيد بالملايين ، فلو قامت شرطة الآداب في مصر ـ لا سمح الله ـ بالقبض على لابسات البنطال ، لضاعت ميوانية مصر على بناء السجون للابسات البنكلونات ، وعلى رواتب رجال الشرطة القائمين على تنفيذ الأحكام ، وموظفي المحاكم الذين ينظرون في هذه القضايا ، من قضاة وسعاة ومدعين ومدافعين من المحامين ، مع أن اللباس في أيامنا هذه

بعد تداخل الثقافات وانتشار الصحافة والأخبار بالصور المتحركة عبر القارات من خلال الشاشات الأرضية والفضائيات ، شيء يخص كل فرد من الأفراد فلماذا تقوم الدنيا ولا تقعد عند أصحاب الفتاوى ؟ وهل يتأثر الدين والعقيدة بلباس شخص معين ؟ وهل الدين أصبح شفافا لدرجة الكسر بلبس بنطلون؟ والناس بتلك الشفافية بحيث يتأثرون بمنظر امرأة تلبس بنطالا لا مايوها على البحر؟ واليوم لابسوا ولابسات البلاطين مستورين على الأقل أكثر من العرايا أو لابسات المايوهات ذات القطعة الواحدة أو القطعتين أو جرابات بأستك فقط على رأي عادل إمام. والمشاهدات للتلفاز لا يستحين بمرأى العرايا ولا بمشاهد الخلاعة على الفضائيات ، فلم يعد الناس منعزلين عن البشر الذي تخلى عن الدين ، فهل أصبحت الأديان تهتم بالمظاهر بدلا من السرائر ؟ وتلاحق القشور بدلا من أساس الأمور؟ فماذا جرى لهؤلاء الناس الذين يجرمون تصرفا لا يخدش الحياء ولا يهد قاعدة من الدين ، ولا يدعو لهدم أحد المعابد أو المساجد ، وليس الفعل داعيا أو محرضا على الزنا، وليس قتلا جماعيا للأبرياء ولا تهجيرا للألوف من الفقراء ، وليس البنطال فيروسا يحمل الداء ، كالأيدز أو البغاء. فالكتب والمجلات ومحطات التلفاز والإنترنت قد غزت البيوت والمدارس والمعاهد واستبيح فيها ما يباح وما يستباح ، فما العمل إذن؟ وكيف تتصرف الفتيات في المستقبل ؟ وهل تقبع الفتاة في البيت وتمنع من مشاهدة التلفاز والإنترنت والسينما؟ وأن تقفل على نفسها وعلى عقلها بابها وتضع حاجزا يقف بينها وبين الرجال في مكان العمل أو حتى العبادة ، فإذا صلت فإنها تصلي عادة خلف الرجال مع حاجز في أكثر الأحيان ، ولن يراها الرجل في الصلاة على الأقل . وهل اللباس التقليدي يدعو للحشمة والتواضع ، مع أن الرجال لابسي الدشاديش في كل دولة عربية أو إسلامية إذا قاموا بزيارة بلد أجنبي خلعوا لباسهم الوطني ولبسوا البذلة قطعتين أو ثلاثا . وصرفوا من أموال الشعوب ليس آلافا بل ملايينا من الدولارات ، على تجارة البيض والسود سواء ، بما

يعرف بالعبودية والسوق السوداء ، وليس اعتراضي على صرف الملايين بمنتهى الغباء فذلك عندي سواء ، فالرؤساء والأمراء والأغنياء أحرار في بذل أموالهم في ميادين الشر كشراء السلاح لقتل الأبرياء ، أو ميادين الصرف بسخاء على بائعات الهوى والبغاء ، ولكن اعتراضي على مصادر الملايين المبعثرة على طاولات القمار لبعض الرؤساء والأمراء والأغنياء ، ومصادرها تخص الغلابى من أبناء الشعوب الفقراء ، فلماذا لا يحجر على هؤلاء ، الخارجين على التقاليد في اللباس من الرجال ، والفاسدين المسرفين لأموال شعوبهم بالبلايين ، والمهجرين للملايين باسم الحضارة أو الدين ، فلا يقام عليهم الحد ولا تقطع لهم يد ، بينما يحجر على النساء الشريفا العفيفات ويقام عليهن الحد عشر سياط بالجلد ، لسبب تافه بسيط لا يدعو إلى المجد ، لا يشكل خدش حياء ولا يعد إثما . فهل إذا لبست المرأة خمارا يجعل ما بينها وبين الذنوب أميالا ؟ لا أعتقد ذلك ، فكم من السافرات من لها قوة الرجال عقليا وجسديا وهن شقائق الرجال ، في التصرف بخلق وبتهذيب يفوق بنات البراقع . ومن بنات البراقع من تصرف مبالغ ضخمة على التجمل للأزواج أو للعشاق في الستر أو في العلن ، ومنهن شريفات قلبا وقالبا ، حيث إن اللباس لا يعني الشرف ولا يعني الدين . والتهذيب في أيامنا هذه لا يمكن التحكم به من قبل الأسرة وحدها ، أو رجال الدين وحدهم وإنما تتدخل المعاهد الدراسية وأماكن العمل والصحافة والنوادي والجيران ، فتساهم في ثقافة البنت والولد على حد سواء ، ولا تزر وازرة وزر أخرى ، فخدش الحياء يعاقب كجنحة إذا تعرت السيدات أو الأسياد ، بفعل فاضح بشهود حتى في الزنا أربع. ولكن استعمال البنطال (البنطلون) لا يشكل جنحة فهو أمر لم يعد سرا ، بل أصبح رمزا من رموز الحركة السهلة والقفز من مكان لمكان ، خاصة وأن الفتيات اليوم يخرجن للعمل فيقفزن في الترام أو الباص أو حتى العربة التي يجرها همار(الحاء لا تلفظ في السودان، وأخاف إن ذكرتها أن يعتقلوني) أو بغل أو جمل ، فالبنطال يستر على المرأة أكثر

من الشال من ناحية عملية . فما العمل إذن ؟ في رأيي أن المرأة حرة في مظهرها إذا قبلت به ، فنحن لا نمانع باستعمال الحجاب ولا حتى البرقع إذا أختارته المرأة بإرادتها ، كما لا نمانع أن تستر المرأة عورتها بأي نوع من اللباس طالما أنه يغطي ما عرف بين الناس أن يستر فالمرأة الأفريقية عاشت حرة لسنين وما زالت حتى يومنا هذا في بعض البقاع لا يسترها ساتر طيلة العصور ، كالرجل تماما ولم يعرفوا حجابا ولا بنطالا ولا شالا لستر عوراتهم . لذا فإن البنطلون أستر بكثير من الثوب الذي يفصل جسد المرأة حتى لو كان على الموضة ، فالنهود البارزة تنبيء بأن صاحبة الثوب امرأة تتمتع بقوام ساحر ، ونهداها نافران كأنهما حبتا رمان أو تفاح إذا اقترضنا التفاح من وصف الخدودز وما زالت بعض القبائل في أفريقيا لا تستر الصدور . ولم يخدشن حياء ولم يكسرن قانونا ولا شجعن عل ارتكاب المعاصي ، بل يعملن حاملات أبناءهن على ظهورهن ، واحتمال أن بعضهن ما وال يقيم في جتوب السودان .

إنه لمما يشعرني بالأسى والأسف أن أرى الترهات في التصرف تأخذ منحى العنف والظلم في الأحكام ، مع أنها لا تستحق ذلك . ويجب أن يترك الناس على حريتهم في لباس ما يشاؤون وأكل ما يشتهون وارتكاب الحسنات والسيئات حسب اختيارهم ، فقد هدى الله الإنسان بعقل يقرر ما يختار من النجدين . والله أعلم بالحال. لقد كانت زوجة لوط وزوجة نوح عاقتين ذواتي جنج تستحق العقوبة والجلد ولم يذكر التاريخ أن الجلد كان لهن عقابا . فكل ذنبه على جنبه كما يقال ولو شاء الله أن يكون الجميع مؤمنين لكان الجميع مؤمنين ، ولألغى رب العباد الجحيم ، ولكن له حكمة بإفلات إبليس اللعين ليغري الناس أجمعين بمن فيهم النبيين ، ولو أراد الله تحصين الناس من إبليس لكان ما أراد ، ولكن الأنبياء كانوا عرضة لإبليس فانتصروا عليه لأن الله شاء ، وليس

ما شاء الأنبياء . حتى يوسف عليه السلام حين همت به و هم بها ، لولا مشيئة الله ، أخرجته من محنته .

هذه ليست فتوى ! وإنما تعليق على حدث اجتماعي لا يستحق التعليق أساسا. ولكن لغرابته وضيق أفق المحليات في بعض بلاد المسلمين ممن يظنون أنهم يطبقون حكم الله ويعتبرون أنفسهم خلفاء الله وأولياؤه على الأرض ، والناطقون باسمه في أحكام الأخلاق والتهذيب وهم بشر من لحم ودم ومشاعر لا يتصفون بالملائكة ، ونحن نعرف أن "كل ابن آدم خطاء،" وخير الخطائين التوابون . ولعل لابسة البنطال عفيفة ، شريفة لا ينال منها القيل والقال الذي يحكم الحال في كل مجال . وعليها أن تشكو من رمى المحصنات الغافلات بالجرم للتقليل من شرفها واتهامها بما لم يبد عليها فهي بريئة من الذنب كبراءة يوسف عليه السلام من دم الذئب حين تآمر الأغخوة على أخيهم فسولت لهم أنفسهم برمية في الجب. ويستحق من قبض عليها متلبسة بنطالا لا جرما أو زنا بشهود ، أن يحاسبوا ويعاقبوا بقذف المحصنات الغافلات من أمثال لبنى والصديقات المعتقلات. انتهى.

حسن يحيى – الولايات المتحدة

Published Books for the author:

In English:

- Crescentology, Theory C. of Conflict Management- English
- Therapy Cases-Arabic
- The Beast In Me, America- English
- Poetry Diwan-English
- Moon Flowers – English
- Personality and Stress Management, Sociotherapy - English
- Arab Palestinians and Jews: Sociological Approach English

In Arabic:

- Arab and Islamic Ethics- Bilingual   التعاليم الأخلاقية العربية والإسلامية
- 55 Stories 4 Kids – 1st edition, Arabic   55 قصة قصيرة للأطفال بالعربية
- Adwa' ala alFikr al-Gharbi –Arabic   أضواء على الفكر الغربي
- 55 Stories 4 Kids – 2nd edition, Arabic
- 28 Arabic Short Stories – Arabic   28 قصة قصيرة بالعربية
- 'Ilm I Ejtima' al-Tatbeeqi, Arabic   علم الإجتماع التطبيقي
- Arabic IQ Test Measurements- Arabic   قياسات الذكاء بالعربية
- Tales From America – Arabic   حكايات من أمريكا بالعربية
- Research Methods - Arabic   مناهج البحث العلمي بالعربية
- Theory C, al-Nathariyyah al-Qamariyyah – Arabic   نظرية سي القمرية بالعربية
- Diwan Bahr-l-Amani – Arabic Poetry   ديوان بحر الأماني بالعربية
- Diwan al-Qadar – Arabic Poetry   ديوان القدر بالعربية
- Maqalat On Social Development – Arabic   مقالات في التنمية بالعربية
- Lawlaki, Arabic Poetry,   ديوان لولاك شعر بالعربية
- Zawjatu al-Sultan, Short Arabic Stories,   زوجة السلطان مجموعة قصصية بالعربية

www.hasanyahya.com

In addition, the author has 190 plus articles may be found on articlesbase, amazines and www.hasanyahya.com

حول المؤلف

The author's CV.

Short Form

Permanent Address: 1029 Coolidge Road, 48912 Michigan, USA

Email: askdryahya@yahoo.com   **Web Page:** www.hasanyahya.com

EDUCATIONAL BACKGROUND

- **Ph.D** (1991) Social psychology, Michigan State University, MICHIGAN,
- **Ph.D** (1988) Educational Administration, Michigan State University, MICHIGAN, USA.
- **M.A** (1983) Education, Psychology, Michigan State University, Michigan, USA
- **B. A.** Beirut University, Beirut, Lebanon. Language Arts, 1976.

ACADEMIC EXPERIENCE

- **Assistant Professor:** Ajman University , Abu Dhabi Branch, UAE.
- **Professor, (Sabatical Leave),** Zayed University, Dubai Branch 1998 – 2001
- **Visiting Professor**: Easterm Michigan University, 1998
- **Associate Professor**: Jackson Community College, 1994 -1998
- **Assistant Professor**: Michigan State University, 1989 - 1992
- **Assistant Professor**: Lansing Community College, 1990 - 1992
- **Lecturer**: Michigan State University, Michigan, USA 1986 - 19988
- **Lecturer**: Kuwait University, Kuwait 1979 -1982.

ADMINISTRATIVE POSITIONS

- **Head of Psychology and Education Section,** College of Education, Ajman University (AD).
- **Research Consultant**: Research Institute of Social Philosophy
- **Editor-in-Chief**: al-Ummah Newspaper, Chicago, Illinois, USA
- **Research Grants Evaluator**: IIIT, Washington, D.C.,
- **Regional Manager and PR** of Airline business
- **Environmental Supervisor**: Michigan State University, Michigan, USA

TECHNICAL EXPERIENCE   الخبرة الفنية

- Microsoft, Windows, Office, Exel, Internet, Web page Construction, Distance Learning Solutions.
- Experience in using SPSS, SPSSpc and SPSSx Data analysis.
- Fluency in English and Arabic.

SPECIAL COMMITTEE PARTICIPATION   مشاركة فى نشاطات اللجان

- University Central Committee for Evaluation, Ajman University, 2001-2003
- Instructional Development Committee, ZAYED University1998-2001
- Instructional Development Committee, Chair, ZAYED University, 1999-2000.

- Project Evaluator Committee, Developing National Economic Plans, Tirane, 1992-1995.
- Research Methods Committee, Michigan State, 1984-87.
- Applied Sociology Committee, Dept. of Sociology, Michigan State University, 1987-91.
- Complex Organizations Committee, Michigan State 1985-87.
- Comparative Sociology Committee, Michigan State University, 1985-86,
- Administration and Curriculum, Department of Education, Michigan State University, 1983.

COMMUNITY SERVICES and ACTIVITIES مشاركات بالتواصل مع مؤسسات المجتمع

- 2003 Professional Opinion about Marriage, *Durrat alImarat Journal*, May 2003, UAE.
- 2001 Interview about Social and Psychological Issues:, *Kul Al-Usra* August, 22. UAE.
- 2001 Professional opinion Marriage, *Zahrat al-Khaleej,* Dubai, Oct. 2001, UAE
- 2001 Professional opinion Interview Marriage Fund, *Al-Ettihad Daily Newspaper*, UAE,
- 2000 About Marriage and gender, *Zahrat al-Khaleej,* Weekly Journal. Dubai, January ,UAE
- 1999 Zayed University student activities, *Zahrat al-Khaleej*, September, 1999
- 1999 Race Relations and Integration the *Gulf News* (English) 30/10/1999, UAE.

Activities and Publications:

- Yahya, A. Qader Yahya, (1988)Early Islamic Methodology throught al-Bukhari, A Paper Presented at the AMSS, Annual Meeting, Washington: USA.
- ...., (1989) Factors of Life Satisfaction Among Muslim Students in the United States, University of Michigan Publications, , USA
- ...., (1992)Social Change in The Muslim Nations, Comparative Analysis, University of Michigan Publications. USA

- .... , (2001)Blasphemy in History, Internet Publications,
- 2003 Doing Research for Beginners and Professionals, EZUS Publication, Michigan, USA.
- 2003 Personality and Stress, EZUS Publication, Michigan, USA.
- 2001 Strategies of Training and Job Rehabilitation, Series of Seminars, 2001-2002, Abu Dhabi, United Arab Emirates.
- 2000 The Science of Crescentology, (Theory C). A Theory of Conflict Management and Cultural Normalization, (RIISP Publications, Lansing, Michigan, USA.)
- 2000 Crescentology and the Nature of Human Behavior. (RIISP Psychology Electronic Publications)
- 1999 Philosophers of Islam: East and West. RIISP Publications, Lansing Michigan, USA.
- 1998 Life-Span Developmental Psychology (English Version)RIISP Publications, Lansing, Michigan, USA.
- 1996 Applied Educational Psychology, RIISP Publications, Lansing, Michigan, USA. (English Version)
- 1994 Teori C, Albinfo, Albanian Version.
- 1994 Theory C. of Conflict Management: A New Role for Sociologists. English Version, Albinfo, Tirane, Albania.
- 1994 A Brief Applied Sociology, Conceptual Framework.(Arabic Version)
- 1991 Social Change in the Muslim Nations: Comparative Analysis. (University of Michigan Press)
- 1988 Factors influence Life Satisfaction of Muslim Organization Members of Lansing Area, Michigan. (University of Michigan Press)

Published in Proceedings:

- 1999 Exploring Problem Based Learning Among Zayed University Students, Hong Kong Internet Electronic Publications,
- 7 papers in NCSA, Detroit, 1991

1988 Innovation and Work Life Satisfaction: A Case Study. Proceedings of the 2nd Seminar of Islamic Economy, Association of Muslim Social Scientists (AMSS) and the International Institute of Islamic Thought (IIIT). Herndon, VA, USA, November 18-20 1988.

COMMUNITY SERVICES and ACTIVITIES مشاركات المجتمع

- 2003 Professional Opinion about Marriage, *Durrat allmarat Journal*, Published by Women Committee. May 2003, Abu Dhabi, UAE.

- 2001 Interview about Social and Psychological Issues:Family and Computer Change, *Kul Al-Usra* - No. 410, pp. 180-181, August, 22. UAE.
- 2001 Professional opinion Marriage, *Zahrat al-Khaleej,* Weekly Journal. Dubai, Oct. 2001, UAE
- 2001 Professional opinion Interview Marriage Fund, *Al-Ettihad Daily Newspaper*, April 2, p.7
- 2000 Participant represented ZU at the Technosphere 2000, Hosted by Ajman University for Technology and Sciences, Ajman, UAE, April 16, 2000.
- 2000 About Marriage and gender, (Professional Opinion) *Zahrat al-Khaleej,* Weekly Journal. Dubai, January 2000, UAE
- 1999 Zayed University student activities, *Zahrat al-Khaleej*, weekly Journal, September, 1999
- 1999 Race Relations and Integration in the UAE, Sent for Publication in the *Gulf News* (English) 30/10/1999, UAE.

PUBLICATIONS

Dr. Yahya Writings and Publications:

حسن عبدالقادر يحيى مناهج القراءة في الصف الثاني في أربع دول عربية: الأردن والسعودية وسوريا وليبيا . مجلة

العلوم الأمريكية الاجتماعية ، عدد 2، واشنطن 1986. (بحث بالإنجليزية)

-----------الرضا والسعادة بين طلبة الجامعة ، مطبعة جامعة ميشيغان ، آن آربر ، 1989. بالإنجليزية

----------- ، علم الاجتماع التطبيقي ، معهد التراث العربي – ميشيغان ، (1991)

----------- ، المرشد لكتاب علم الاجتماع التطبيقي ، معهد التراث العربي – ميشيغان ، (1991)

----------- ، التغير الاجتماعي في العالم الإسلامي : دراسة تحليلية ، مطبعة جامعة ميشيغان ، 1991 بالإنجليزية

----------- ، نظرية سي لإدارة حل الخلافات ، إنفو ، تيرانا ، ألبانيا (1994) – بالإنجليزية .

----------- ، نظرية سي وطبيعة السلوك الإنساني ، معهد التراث العربي ، ميشيغان ، 2003

----- ، بناء البحث العلمي للمبتدئين والمحترفين، معهد البحوث RIISP ، ميشيغان 2003

-----، الدراسة للتفوق في التحصيل العلمي ، معهد إيزوس إنترنت 2003

-----، رفيق الباحث في بناء ورقة البحث ، معهد إيزوس إنترنت : 2004

-----، صراع العقل الواعي واللاواعي والسعادة الشخصية ، معهد إيزوس إنترنت : 2004

-----، 16 طريقة من طرق إدارة الفصل الدراسي ، معهد إيزوس إنترنت : 2004

-----، اختبارات الذكاء IQ / الجزء الأول من 2 إلى 6 سنوات ، ، معهد البحوث النفسية RIISP : ميشيغان: 2004

-----، اختبارات الذكاء IQ / الجزء الثاني من 6 إلى 12 سنة ، ، معهد البحوث النفسية ميشيغان2004 ::

-----، اختبارات الذكاء IQ / الجزء الثالث من 12 إلى 24 سنة ، معهد البحوث النفسية RIISP: ميشيغان: 2004

----- ، قياسات نفسية واجتماعية ، مطبوعات إيزوس إنترنت ، 2004

-----، قياس وكسلر بالفيو للمراهقين والبالغين ، مطبوعات إيزوس إنترنت ، 2004

-----، قياس التكيف الجسدي والنفسي والاجتماعي لغير القادرين عقليا ، مطبوعات إيزوس إنترنت ، 2004

-----، مهارات المعلم المبدع ، مطبوعات إيزوس إنترنت ، 2004

-----، مهارات حياتية للمراهقين وطلاب المدارس ، مطبوعات إيزوس إنترنت ، 2004

Other Books for the author:

In English:

- Crescentology, Theory C. of Conflict Management- English
- Therapy Cases-Arabic
- The Beast In Me, America- English
- Poetry Diwan-English
- Moon Flowers – English
- Personality and Stress Management, Sociotherapy - English

- Arab Palestinians and Jews: Sociological Approach English

In Arabic:

- Arab and Islamic Ethics- Bilingual التعاليم الأخلاقية العربية والإسلامية
- 55 Stories 4 Kids – 1ˢᵗ edition, Arabic 55 قصة قصيرة للأطفال بالعربية
- Adwa' ala alFikr al-Gharbi –Arabic أضواء على الفكر الغربي
- 55 Stories 4 Kids – 2ⁿᵈ edition, Arabic
- 28 Arabic Short Stories – Arabic 28 قصة قصيرة بالعربية
- 'Ilm I Ejtima' al-Tatbeeqi, Arabic علم الإجتماع التطبيقي
- Arabic IQ Test Measurements- Arabic قياسات الذكاء بالعربية
- Tales From America – Arabic حكايات من أمريكا بالعربية
- Research Methods - Arabic مناهج البحث العلمي بالعربية
- Theory C, al-Nathariyyah al-Qamariyyah – Arabic نظرية سي القمرية بالعربية
- Diwan Bahr-l-Amani – Arabic Poetry ديوان بحر الأماني بالعربية
- Diwan al-Qadar – Arabic Poetry ديوان القدر بالعربية
- Maqalat On Social Development – Arabic مقالات في التنمية بالعربية
- Lawlaki, Arabic Poetry, ديوان لولاك شعر بالعربية
- Zawjatu al-Sultan, Short Arabic Stories, زوجة السلطان مجموعة قصصية بالعربية

Articles In English:

Articles: (English أوراق بحثية بالإنجليزية) :

- 2003 Attitudes toward Technology Among University students. Ajman University, Abu Dhabi (Sent for publication)
- 1999 Exploring Problem-Based Learning Among Zayed University Students, Hong Kong, Hard and Internet Publication. *(Abstract)*
- 1996 Opinions Concerning Socio-political Issues in a Newly Democratic Albania, *East-West Review,* Summer, 1996, Chicago, IL. U.S.A
- 1993 'Ilm and Ma'rifah- two sections. (Abstract Knowledge and Practical Science), *ALUMMAH,* no 9. & no. 10. Feb. and March 1993, Chicago.
- 1993 Defining the Muslim World, three parts. *ALUMMAH,* nos. 11, 12, 13, April, May, and June, 1993, Chicago, IL.
- 1993 Psychology of Muslims in North America, . *ALUMMAH,* nos. 12, May, 1993, Chicago, IL.
- 1992 Arab and American Cultures. *AL-UMMAH, Psychology Section,* no. 5, p. 1, October 1992, Chicago.

- 1992 Comparative Analysis of Social Change in the Muslim Nations., The American Journal of Islamic Social Sciences, (AJISS) Vol.9 no.4, p.595, Winter 1992
- 1991 Race and Ethnic Relations Conflict in the United States: Application of Theory C. *Sociological Abstract.*
- 1991 Population Density and Economic Growth in the Middle East: Comparative Analysis. *Sociological Abstract.*
- 1991 Measurement of Qualitative Social Phenomenon: Domains of Life Satisfaction Among University Students. *Sociological Abstract.*
- 1991 Preliminary Findings of Assimilation Among Immigrants from the Middle East. *Sociological Abstract.*
- 1991 Women's Participation in the Labor Force as determinant of Infant Mortality: A Path Analysis Model. *Sociological Abstract.*
- 1991 Principles of Islamic Sociology: The Experience of Muslim Social Scientists in the United States. *Sociological Abstract.*
- 1991 Theory C. of Conflict Management. *Sociological Abstract.*
- 1989 Age and Life Satisfaction Among Muslims in the United States. A Paper was presented at the North Central Sociological Association (NCSA) Annual Meeting, April 13-16, 1989. Akron, Ohio, USA. *Sociological Abstract.*
- 1988 Factors Influencing the Satisfaction of Muslim Organization Members in the Greater Lansing, Michigan, Area. *Dissertation Abstract International,* Vol. 49 November 1988.
- Factors Influence the Life Satisfaction of Muslim Organization Members in a University Town in the United States (Lansing, MI). *Journal Institute Muslim Minority Affairs (JIMMA),* London: Vol. IX, 2, July 1988.
- Secularization and Tradition in Four Arab Countries: Cross Nations Content Analysis of Reading Textbooks in Jordan, Libya, Saudi Arabia, and Syria. *American Journal of Islamic Social Sciences, (AJISS),* Vol. II, December 1986, Also Published in *Sociological Abstract*, Vol. 35, no. 3, December.

CONFERENCE PARTICIPATION   مشاركة فى مؤتمرات متخصصة

- Exploring Problem-Based Learning among Zayed University Students, Dubai Campus. A paper presented at the International Conference on Problem-Based Learning, 6 – 12, December, 1999, Sponsored by Hong Kong University, Hong Kong.
- Early Islamic Methodology of Collecting Hadith through Al-Bukhari, A paper to be presented at the Association of Muslim Social Scientists, Indiana, USA.

- Analysis of Albanian Opinions, East-West University, Chicago, August 1995.
- Applied Social Science in the 1990s: A Model for Problems and Solutions.. A Paper Presented at the 20th Annual Conference of the Association of Social Scientists (AMSS), Detroit: Oct. 25-27.
- Race and Ethnic Relations Conflict in the United States: Application of Theory C. A Paper Presented at the Annual Meeting of North Central Sociological Association (NCSA), April 25-28, 1991. Dearborn, Michigan.
- Population Density and Economic Growth in the Middle East: A Comparative Analysis. A Paper Presented at the Annual Meeting of North Central Sociological Association (NCSA), April 25-28, 1991. Dearborn, Michigan.
- Measurement of Qualitative Social Phenomenon: Domains of Life Satisfaction Among University Students. A Paper Presented at the Annual Meeting of North Central Sociological Association (NCSA), April 25-28, 1991. Dearborn, Michigan.
- Preliminary Findings of Assimilation Among Immigrants from the Middle East. A Paper Presented at the Annual Meeting of North Central Sociological Association (NCSA), April 25-28, 1991. Dearborn, Michigan.
- Women's Participation in the Labor Force as Determinant of Infant Mortality in Traditional Societies. A Paper Presented at the Annual Meeting of North Central Sociological Association (NCSA), April 25-28, 1991. Dearborn, Michigan.
- Principles of Islamic Sociology: The Experience of Muslim Social Scientist in the United States. A Paper Presented at the Annual Meeting of North Central Sociological Association (NCSA), April 25-28, 1991. Dearborn, Michigan.
- Theory C. of Conflict Management: A Paper Presented at the Joint Annual Meeting of North Central Sociological Association (NCSA) and Southern Sociological Association (SSS), Louisville, Kentucky, March 22-25, 1990.
- Age and Life Satisfaction Among Muslims in the United States> A Paper Presented at the A Paper Presented at the Annual Meeting of North Central Sociological Association (NCSA), April 13-16 1989.
- Innovation and Work Life Satisfaction: A Case Study. A Paper Presented at the Economic Discipline of the (AMSS), Herndon, VA, USA, Nov.18-20, 1988.
- Muslim Organization Members and Life Satisfaction. A Paper Presented at the 17th Annual Conference of the (AMSS), October 28-30, 1988, Ames, IOWA.

- Seminar: Reconstruction of Islamic Thought in the Discipline of Sociology. A Lecture Presented upon Invitation from the (IIIT), Herndon, VA, USA, October 17-19, 1988.
- Islamization of Knowledge: The Discipline of Sociology. Presented at the 16th Annual Conference of the (AMSS), Plainfield, Indiana, USA, October, 8-11, 1987.
- The Development of Early Islamic Methodology: A Study of Hadith Literature Through al-Bukhari. Presented at the 15th Annual Conference of the (AMSS), Plainfield, Indiana, USA, October 15-17, 1986.

Media and TV Activities:

TV Program Participation at Dubai TV, (English)

- Open Doors, Open minds, Channel 33, Dubai TV, Feb. 23, 2000
- Islamic Issues, one hour live program, Dubai TV, (bilingual) October, 1999.
- Community and School Relations (A lecture presented at al-Ain model elementary School) 1999
- Islamic Issues, one hour live program, Dubai TV, (bilingual) December 1999.

TV Program Participation at Abu Dhabi TV, (Arabic)

- Al-Multaqa الملتقى, Specialist Interview on Toys and the family, Emirates Channel, March 2003.
- Family Program, Hayatuna (Our Life) February 2002
- Family Program, Hayatuna (Our Life) March 2001
- Family Program, Hayatuna, (Our Life) May 2000
- Special **Interview**, <u>AL-ASWAQ</u> , July 18,1994, NO 316,VOL 3, P. 8. Amman, 1994.
- **Television Talks:** Children Behavior and Social Change, Washington, D.C.TV, 1992.
- **Mediator:** Toward Global Islamic Economy: A Conference Sponsored by The ICPI, Detroit,, Nov.. 29-Dec.1, 1992. (Available on Video).
- **SESSION ORGANIZER:** Middle East Week, Lansing Community College Diversity Week Celebration, Lansing Community College, Lansing, Michigan. October 16, 1991. (The lectures were showed on LCC TV Channel and Public Broadcasting.

Lectures:

- **Lecture for Women :** Absenteeism by choice, Islamic Institute, al-Ain, Abu Dhabi, 17/3/2003.
- **Lecture for Parents and Teachers:** Gifted Students Measurement and Treatment in a School Setting, al-Ain, april 2003.
- **Lecture:** Global Measurement and Evaluation in Education, Ajman University, 13/10/2002
- **Lecture**: Women's Changing Roles and Challenges. Women Conference, March 20-21, 2000, Dubai.
- **Lecture:** The Persian Gulf Conflict: History, Geography, Culture, and Security. Michigan State University, Feb. 9, 1991
- **Lecture:** Kuwait Social Progress and Change: A Presentation of Research on Social Change in the Muslim Nations. Michigan State University, January 9, 1991.
- **Lecture:** Islamic Culture and Social Change: Presented at the Islamic Center. Washington, D.C., October 15. 1989.

Professional Workshops:

- **WORKSHOP**: Instruction and Design, el-Ain Model School Teachers, el-Ain, UAE, 1998
- **WORKSHOP** for Teachers In the Saudi Academy Titled: Teaching-Learning Problems and Solutions: A Seminar for 110 Teachers. October 9, 1989, Alexandria, VA, USA.

Professional Publications (In Arabic)

Arabic Articles Published In 2002

- 2002 Al-Aamil al-Wirathi wa Maradh al-Tawahhud, العامل الوراثي والتوحد *Al-Khaleej* ewspaper (Health and Medicine Issue), No. 168, February 2002, pp. 32-35,
- 2000 Arab Culture and Globalization التراث العربي والعولمة, *al-khaleej Newspaper*, No. 7650, 29/4/2000, p. 18
- 2000 Pulses and Notes about the Study of Societies, "Nabadhat and Ishkaliyyat fe Dirasat al-Mujtama't", نبضات وإشكاليات في دراسة المجتمعات *al-Khaleej,* Nr. 7640 , April 19, 2000, Dubai-UAE (p. 14).
- 2000 No Fear from Globalization for Arabs, "La khawfa ala al-Arab min al-Awlama لاخوف على العرب من العولمة , *al-Khaleej,* Nr. 7627 , April 7, 2000, Dubai-UAE (p. 12).
- 2000 Self-Struggle and Conspiracy Theory صراع النفس ونظرية المؤامرة, *al-Nahdha,* Nr. 951, January 4, 2000, Oman.
- 2000 Development and Scientific Research in Developing Countries البحوث والتنمية في الدول النامية, *al-Nahdha,* Nr. 854, Feb. 1, 2000, Oman.
- 2000 Human Nature in the Muslim Culture الطبيعة البشرية في التراث الإسلامي, *al-Nahdha,* Nr. 955, February 8, 2000, Oman.

- 2000 About Civilizations حول الحضارات , *al-Nahdha,* Nr. 956, February, 15, 2000, Oman.
- 2000 Science: Theory and Practice العلم بين النظرية والتطبيق , *al-Nahdha,* Nr. 957, February 22, 2000, Oman.
- 2000 Principles of Literature Analysis: Emotions, Imaginations, Meanings and Style عناصر النقد الأدبي , *al-Nahdha,* Nr. 958, February 29, 2000, Oman.
- 2000 No Fear from Globalization for Arabs, لاخوف على العرب من العولمة "La khawfa ala al-Arab min al-Awlama, *al-Nahdha,* Nr. 959 , March 7, 2000, Oman.
- 2000 Social Reality/11/ الواقع الاجتماعي , *al-Nahdha,* Nr. 961, March 28, 2000, Oman.
- 2000 Social Reality/22/الواقع الاجتماعي , *al-Nahdha,* Nr. 962, April 4, 2000, Oman.
- 2000 Social Reality/33/الواقع الاجتماعي , *al-Nahdha,* Nr. 963, April 11, 2000, Oman.
- 2000 Social Reality/44/ الواقع الاجتماعي , *al-Nahdha,* Nr. 964, April 18, 2000, Oman.
- 2000 Social Reality/55/ الواقع الاجتماعي , *al-Nahdha,* Nr. 965, April 25, 2000, Oman.

1999 Published Articles

- Women In Modern Society المرأة في المجتمع المعاصر , *Al-Bayan,* Newspaper, March 27, 1999.
- About Culture, حول التراث , *al-Nahdha,* Nr.915, April, 13, 1999.
- About Curriculum حول المناهج , *Al-Bayan*, Newspaper, March 12, 1999.
- About Curriculum حول المناهج , *al-Nahdha,* Nr.913, March 23, 1999.
- Teachers in a Changing Age المدرسون في عصر التغير , *al-Nahdha*, Nr. 910, March 3, 1999.
- Education between Ideals and reality التربية بين الواقعية والمثالية , *al-Nahdha,* Nr.912, March 16, 1999.
- Necessity of Education for Life أهمية التعليم المستمر , , *al-Nahdha,* Nr. 923, June 8, 1999.
- Traditional and Modern Instructional Supervision التوجيه التربوي بين التقليد والأصالة, *al-Nahdha*, March 30, 1999.
- What After the year 2000?2000 ما بعد عام *al-Nahdha*, Nr.950, Dec. 28, 1999.
- Education Policy in the Arab Nations سياسات التربية في العالم العربي , *al-Nahdha*, weekly Journal.
- Introduction to World Civilization مقدمة في حضارات الأمم , *al-Nahdha,* Nr.942, Oct. 19, 1999.

124

- Modern Administration and developing Countries الإدارة العصرية في الدول النامية, <u>*al-Nahdha,*</u> Nov. 2, 1999, Oman.
- Computer and Ethics الكمبيوتر والأخلاق , <u>*al-Nahdha,* Nr.947, Nov. 20, 1999.</u>
- Technology Today التكنولوجيا المعاصرة , <u>*al-Nahdha,* Nr 948, Dec. 14, 1999, Oman.</u>
- Goals of Nations in Education أهداف الأمم التربوية , <u>*al-Nahdha*</u>, Nr. 940, Oct. 5, 1999
- Philosophy of Curriculum in the Arabic Nations فلسفة المناهج في الدول العربية, <u>*al-Nahdha*</u>, Nr. 949, Dec. 21, 1999
- Happiness السعادة , <u>*al-Nahdha*</u>, Nr. 939, Sept. 28, 1999.

1993 Professional Articles:

- Attarbayna al 'Irqi wa Thaka' التربية العرقية والذكاء , *(Education between Race and Smartness)*, <u>*AL-UMMAH,*</u> no. 8, p. 3, January 1993, Chicago.
- Nahwa Tasawwor Limustaqbal al-Arab wal- Yahood fi Falsteen نحو تصور لمستقبل العالم العربي., *(Toward a Future Solution between Arabs and Jews in Palestine)*, <u>*AL-UMMAH,*</u> p.1, Jan.1993, Chicago.
- 'Usus Dirasat al Mustaqbal al-Arabi أسس دراسة المستقبل العربي , *(Principles of Future Study)*, <u>*AL-UMMAH,*</u> no. 9, p. 3, February 1993, Chicago.
- Manzilat al-Mar'ah ti al-Mujtama' منزلة المرأة في المجتمعات , *(Women' Position in Society)*s <u>*AL-UMMAH,*</u> no. 10 , p. 3, March 1993, Chicago.
- Turoq al-Ma'rifa, طرق المعرفة *(Methods of Knowledge)*, <u>*AL-UMMAH,*</u> no. 11 , p. 3, April 1993, Chicago.
- Mahmoud and Rabiha, محمود وربيحة(Short Story), <u>*AL-UMMAH,*</u> no.12, p.11, May 1993, Chicago.
- Principles of Leadership Theories أسس الإدارة الحديثة , <u>*AL-UMMAH,*</u> no.12, p.3, May 1993, Chicago.
- Quantitative Method and Statistics. الدراسات الكمية والإحصاء , <u>*AL-UMMAH*</u>, no. 13, p.3, May 1993, Chicago.

1992 Professional Articles:

- Educational Leadership الإدارة التربوية , <u>*AL-UMMAH,*</u> no.. 14, p.5, June 1993, Chicago.
- Rules of Analysis of Contemporary Arab World. قواعد تحليل العالم العربي المعاصر, <u>*AL-UMMAH,*</u> no. 2. p.3, July/August 1992, Chicago, and <u>AL-WATAN,</u> no. 6. p.7 August 1992, Washington, D.C.
- Human Roles in Life أدوار الإنسان في الحياة , <u>*AL-UMMAH,*</u> no. 4. p.3, Sept/October 1992, Chicago.

- Education between Theory and Practice التربية بين النظرية والتطبيق , *ALUMMAH*, no. 5, p. 3, October 1992, Chicago.

يمكن الكتابة للدكتور يحيى على العنوان البريدي

1029 Coolidge Road, Lansing 48912 Michigan, USA

Email: askdryahya@yahoo.com

Web Page: www.hasanyahya.com

ARTICLES ON

ARTICLESBASE.COM

hasan yahya – Articles on Artclesbase.com

1. Perfect Behavior, the Tale of a Jewish Girl!

A good story of a Jewish girl keeping her mother satisfied. The article also gives a joke about famous president George W. Bush facing God with Adolf Castro of Cuba, and Ahmadinejad of Iran. ›Read

By: hasan yahya | 24/03/2009 | Humor

2. In the Doctor's Clinic!

Have you been in a doctor's clinic? sure you do! read this you may write it in your words tha same as the author did. Why doctors act like that. Well! it is the system. A doctor cannot tell a pregnant lady to open her legs directly! There are always ways to do that according to the health system of hospitals. Good to share! ›Read

By: hasan yahya | 24/03/2009 | Humor

3. How Japanese Cope with Economic Stress At work?

Coparative analysis touches the American economy and the loss of jobs recently observed. A nice analogy for readers and government personnel to consider and share. ›Read

By: hasan yahya | 24/03/2009 | Time Management

4. Prices and economy in America then, America Now!

Another article for the author, this time he describes feeling toward prices and economy in America, good to read and share! ›Read

By: hasan yahya | 24/03/2009 | History

5. Innovativion of New Products !

Alternative miedicine usuall is much better than medicine, in this article advice from the author how to keep yourself healthy. Try it! it may work for you! Share it with friends and love ones! ›Read

By: hasan yahya | 24/03/2009 | Alternative Medicine

6. **STRESS management is an Art!!**

   Yes, it is. It's an art, if you made it. Advices by the author to cope with your stress. Good article to share with friends and love ones. >Read

   By: hasan yahya | 24/03/2009 | Stress Management

7. **Stress as a Friend in Need, On the Highway Life!**

   Stress management is an art as the author attempt to give advices to stressed people. This is a good article to share with friends. >Read

   By: hasan yahya | 24/03/2009 | Stress Management

8. **To be a Mother, Parenting is not easy, but possible**

   The author gives as usual some advices to wome in parenting and how spend life in a familial way. >Read

   By: hasan yahya | 24/03/2009 | Parenting

9. **Quality Time to enjoy!**

   The author in his sense of humor question the readers about quality time and how to spend it. An intersting advice for readers! Good to share with friends and love ones. >Read

   By: hasan yahya | 24/03/2009 | Alternative Medicine

10. **USE YOUR FEET, and Walk as You Can!**

    A wisdom by the author to all readers it says: walk by choice before you wish to walk in you become disabled by force. >
    Read

    By: hasan yahya | 24/03/2009 | Humor

11. Diego and Dora on TV and Arab Language

An interesting article about race relations and TV programs. The author analysis took sociological approach and wishes Arabic to be considered in th future in the TV show for kids. >Read

By: hasan yahya | 24/03/2009 | Humor

12. Funeral Coffee and Dressing Black among Arabs!

Why people dress in Black in funerals? and how to behave properly in the house of the siseased person? A funny article in sociological entertaining sense. >Read

By: hasan yahya | 24/03/2009 | Humor

13. Honor - Killing, and Sexuality In the Arab and Muslim World

This article cover three issues in the Muslim and Arab world, honor-killing,zina, Sexuality iunder Islamic Law,Male Circumcise and Female Genital Cutting. >Read

By: hasan yahya | 21/03/2009 | Sexuality

14. Arab and Muslim womenIssues! Part One

This is part one, covers three issues concerning women in the Arab and Muslim culture, Punishment, adultery and accusations of some Arab societies concerning women and defending them. >Read

By: hasan yahya | 21/03/2009 | Sexuality

15. Arab and Muslim women Issues! Part Two

This is part two of the articles on Arab and Muslim women ssues, five examples are given. including adultery, and punishement, and cultural practices.Examples of women status in Arab Gulf areas is given and defended. >Read

By: hasan yahya | 21/03/2009 | Sexuality

16. Are You Terrorist? Professor!

Giving courses for undergrad student is interesting, especially when they have to expeience college for the first time. The writer was a professor of sociology, teaching on race relations and inequality in America.This article is an interesting introduction to his course through class involvement in group discussion. >Read

By: hasan yahya | 20/03/2009 | Self Help

17. Protect your email from scammers!This is what happened to ME!

Don't be fooled with email scammers, the Author of this article tells the readers what happened to his email, Someone got the password and used the email in scam asking for money. Read it and you may respond to it. >Read

By: hasan yahya | 18/03/2009 | Email

18. The Zionist Lobby At Work In The Usa Congress!

A Letter Sent to the Washington Post Editorial "blame the Lobby" (3/12), Concerning Mr. Freeman Withdrawing His Nomination for Chairman of the National Intelligence Council. >Read

By: hasan yahya | 12/03/2009 | Strategic Planning

19. Islam And Democracy: Sociological Analysis

In this article, the author discusses Islamic beliefs concerning secularization of Arab and Muslim countries, and explain two different view-points, the intellectuals free thinkers and the fundamentalists in a unique sociological analysis. ›Read

By: hasan yahya | 11/03/2009 | Strategic Planning

20. Have Trouble With Your Email? Read This!

Sharing readers in their problems with the computer makes life easy and reduce tension and stress. The writer describs his experience with his email, and ask for help, but in the same time provides solutions. ›Read

21. Is Islam Accepts Secularization? Part Two

Part two of the article about possiblity of secularization of Muslm and Arab world. ›Read

By: hasan yahya | 08/03/2009 | Economics

22. Is Islam Accept Secularization? Part One

The article descusses the possibility and abostacles of secularization of the Muslim and Arab world. ›Read

By: hasan yahya | 08/03/2009 | Economics

23. Religions And The Muslim Philosophy!

The article describes religions and their connection with philosophy, freedom and democracy. It also describes religion through time. ›Read

By: hasan yahya | 08/03/2009 | Philosophy

24. Globalization And The Muslim World

This article descusses Globalization and its effect on the Muslim world. ›Read

By: hasan yahya | 08/03/2009 | International Studies

25. Islam, Judaism And Christianity, On Human Rights And Democracy?

The article discusses the relationships between the three Abrahimic faiths on human rights and democracy. ›Read

By: hasan yahya | 08/03/2009 | Ethics

26. Does Islam Need Power To Be Recognized?

An argument over the subject: Islam does not need power to be recognized in the west. It brings the story of al-Imam al-Hussein , the Martyr of Karbala' in the process. ›Read

By: hasan yahya | 08/03/2009 | Politics

27. Western Perceptions Of Israel'S Strategic Significance

Six strategic significant points why Israel is supported by the West [EU-NATO,USA, Canada and Australia] ›Read

By: hasan yahya | 07/03/2009 | Politics

28. What'S Behind Russia-Nato Cooperation?

Politics of the great nations always have latent and manifest goals. In this article the author asks certain questions about the Muslim world reaction in the cooperation between NATO and Russia, without the Shanghai+6 (SCO). ›Read

By: hasan yahya | 07/03/2009 | Politics

29. Computer Users Anywhere, A Must Read!

An article on psychology of believing email scam. The author brings his heartly advice for internet serfers to be safa. >Read

By: hasan yahya | 07/03/2009 | Computer Forensics

30. No Matter What You Think! This Is Good 4 U.

a message from heart to heart from the author to the female and male readers, >Read

By: hasan yahya | 07/03/2009 | Psychology

31. Crusades, Jihadists And Conflict Resolution-Part Iii

Part three of the article: Crusades, Jihadists and conflict resolution. >Read

By: hasan yahya | 06/03/2009 | Ethics

32. Crusades, Jihadists And Conflict Resolution-Part Ii

Part two of the article on the Crusades, Jihadists and conflict resolution in an historical analysis. >Read

By: hasan yahya | 06/03/2009 | Ethics

33. Crusades, Jihadists And Conflict Resolution-Part I

Part one includes an analysis of historical facts concerning 9/11 and the relationships between the Crusades and the Jihadists. >Read

By: hasan yahya | 06/03/2009 | Ethics

34. **My Favorit Researcher: Stanley Milgram: Milgram'S Experimental Research**

In this series professor yahya selected a very famous intellectual in his experimental research. ›Read

By: hasan yahya | 06/03/2009 | Psychology

35. **Thinkers I Admire: Charles Darwin (1809-1882)**

In this corner, Prof. Yahya brings one historical figure for hhis/her great ideas. ›Read

By: hasan yahya | 06/03/2009 | Stress Management

36. **Thinkers I Admire: John Watson (1878-1958)**

In this article Prof. yahya brings one of the thinkers from history which he admired for their great ideas. ›Read

By: hasan yahya | 06/03/2009 | Philosophy

37. **Psychologically, No Body Is Perfect, To Be Happy, Test Your Self!**

in the preface of his book: titled: Personality Types and Stress Management, on amazon, the author provides this test to all to test themselves and see how much they are perfect or not. His argument is NO ON IS PERFECT, so why are you stressed? ›Read

By: hasan yahya | 06/03/2009 | Stress Management

38. **'Ilm (Science) And Knowledge (Ma'Arifah) Or (Abstract Knowledge And Practical Science)**

A research paper on the Arabic concept of "Ilm (science), and Ma'arifah (Knowledge), ›Read

By: hasan yahya | 06/03/2009 | Literature

39. Arabs And Muslim In America And Race Relation

A very reasonable account of race relation in the United States of America. The article on how Arabs and Muslims in the United States perceived through the media, films, and videos. >Read

By: hasan yahya | 06/03/2009 | K-12 Education

40. Have You Ever Been Fooled By Girls? Read This!

An experience of young man tells his friend's story how he was fooled by girl on schools or campus. >Read

By: hasan yahya | 06/03/2009 | Teenagers

41. Trust Fund, Old Anecdote

An old Anecdote about greediness. >Read

By: hasan yahya | 06/03/2009 | Social Marketing

42. Omer Judgment: Short Story

A short story about Omer jusdgment,from the author's book, The Beast in Me America, on amazon, target, and elsewhere. >Read

By: hasan yahya | 06/03/2009 | History

43. Love On The Internet: Short Story

A short story for the author, from his book: The Beast in Me America, on Amazon. >Read

By: hasan yahya | 06/03/2009 | Psychology

44. **Despite The Jewish State Palestinians Vision Will Prevail! - Part Two**

Part two of the article about two visions: Israeli and Arab Palestinians. ›Read

By: hasan yahya | 06/03/2009 | Politics

45. **Despite The Jewish State Palestinians Vision Will Prevail! - Part One**

An article compares Israeli and Arab Palestinian visions from sociological point of view. ›Read

By: hasan yahya | 06/03/2009 | Politics

46. **The Search For Israeli National Identity! Part II**

An article shows Israel searching for it's national Identity outside its borders, rather than inside. Doing that the author believes that lack of inside democracy practices for Arabs and Jews equally, creates a problem for Israel looking for the lost national identity. ›Read

By: hasan yahya | 06/03/2009 | Politics

47. **What'S Common Between Jews And Arab Palestinians?**

A common sense argument about common aspects connect Arab Palestinians and Jews together. ›Read

By: hasan yahya | 06/03/2009 | Philosophy

48. **Arab Palestinians And Jews**

An introduction to the book: Arab Palestinians and Jews, published recently at Amazon. ›Read

By: hasan yahya | 06/03/2009 | Press Releases

49. **Comment On Article On Barack Obama At: Ichikaeli Maro Daily News-Prof. Hasan Yahya**

A comment from Prof. Yahya on an article written in Tanzania, on ICHIKAELI MARO Daily News. >Read

By: hasan yahya | 06/03/2009 | History

50. **Talented Young Writers And Successful Teachers-Part Two**

Qualities of talented writer in childhood and successful teachers are described, and some advices are provided in this articl. >Read

By: hasan yahya | 04/03/2009 | K-12 Education

51. **Talented Young Writers And Teachers-Part One**

Qualities of talented writer in childhood and successful teachers are described. Some advices are provided. >Read

By: hasan yahya | 04/03/2009 | Childhood Education

52. **The Latent And Manifest Goals And The Nato**

Complex organization or simple ones have two types of goals one obvious can be seen and one covered cannot be seen unless having a professional eye. In this article, the two concepts explained and some examples given in a sociological analysis. >Read

By: hasan yahya | 04/03/2009 | Causes & Organizations

53. **Am I Proud To Be American? I Wish! Someday!**

Perceptions are made by an Arab American philosopher whishes to see America in its best global position, morally and politically. >Read

By: hasan yahya | 04/03/2009 | Philosophy

54. Clash Of Perceptions In The Usa

Comparative perceptions between Arab-Muslim and non Arab teachers are explored through the author's experience in class management seminar. >Read By: hasan yahya | 04/03/2009 | Culture

55. Marriage And Sex Patterns- Sociological Approach - Part Two

In this part two, Types of Sex and Marriage in Islam is described. >Read

By: hasan yahya | 04/03/2009 | Sexuality

56. Marriage And Sex Patterns :Sociological Approach-Part One

Marriage and Sex Global Patterns shows types of marriage in Islam, and sex in different countries. >Read

By: hasan yahya | 04/03/2009 | Sexuality

57. I Have The Right To Be Angry

As far as Professor Yahya contribute with his philosphical thoughts, he brings here, some perception of his own as a Palestinian, an Arab-Muslim, a philosopher, and as a human beings. I think everybody is free to be angry, when thing go wrong in life. >Read

By: hasan yahya | 04/03/2009 | Ethics

58. The Story Of The Palestinian Horse

Anecdote about the Israeli-Arab Palestinian conflict, and assessment of the results through a story of the horse. >Read

139

By: hasan yahya | 04/03/2009 | Ethics

59. Poetry Morality, Quality Of Life And Logic

Hasan Yahya giving two of his poems in this space. The poems contain his wisdon and morality in this world. >Read

By: hasan yahya | 04/03/2009 | Ethics

60. The Future Of Conflict Over Historical Palestine

The Future of Conflict over Historical Palestine has taken too much debate, the writer shows some insights to vision the future of the conflict. >Read

78. Psychology of Stress, Anger and Influence

This article discuss several concepts related to self improvement in dealing with conflict situations applied to family life and jobs in addition to anger and authority influence on family, work, or university members. >Read

By: hasan yahya | 12/06/2009 | Stress Management

79.Philosophy and Religious thoughts: in Islam, Judaism and Christianity - Part One

This article is part one of two parts. It discusses the line of thought from Aristotle through the Greek, Muslim, Jewish and Christian philosopher in terms of logic and revelation. >Read

By: hasan yahya | 12/06/2009 | Philosophy

80.Muslim Cultural Practices and Islamic Law!

Islam is something, and practicing Islam according to familial and tribal culture is something else, or the known discrepancy between theory and application. This story, however, happened in Saudi Arabia, but cannot be generalized to all Arab and Muslim countries. › Read

By: hasan yahya | 12/06/2009 | Culture

81.Troubling Issues in Islam – Part V

This article is the last part of the article. The author discusses important issues concerning issues troble Mulim followers these days where gender inequality stand as vital in any discussion about Islam. These issues include: the meaning of Islam, the belief in non-proved stories of Prophets and religious events which cannot be scientifically proved, the laws of gender equality, superiority of men over women and wife battering, polygamy, and concubines, divorce rights, etc. ›Read

By: hasan yahya | 12/06/2009 | Culture

82.Troubling Issues in Islam Islam – Part IV

This is part four of of five. In defending Several Issues concerning Arab and Muslim Women are presented, for example: Cruel punishment and women and Accusations of Arab Societies of treating women differently from women when it comes to adultery, parenting, divorce, honor-killing and love stories. ›Read

By: hasan yahya | 12/06/2009 | Culture

83.Troubling Issues in Islam – Part Three

This article is Part three of five. The author discusses important issues concerning issues troble Mulim followers these days where gender inequality stand as vital in any discussion about Islam. These issues include: the meaning of Islam, the belief in non-proved stories of Prophets and religious events which cannot be scientifically proved, the laws of gender equality, superiority of men over women and wife battering, polygamy, and concubines, divorce rights, etc. › Read

By: hasan yahya | 12/06/2009 | Culture

84.Troubling Issues in Islam – Part Two

This article is Part two of five. The author discusses important issues concerning issues troble Mulim followers these days where gender inequality stand as vital in any discussion about Islam. These issues include: the meaning of Islam, the belief in non-proved stories of Prophets and religious events which cannot be scientifically proved, the laws of gender equality, superiority of men over women and wife battering, polygamy, and divorce. ›Read

By: hasan yahya | 11/06/2009 | Culture

85.Troubling Issues in Islam – Part One

This article is Part one of five. The author discusses important issues concerning issues troble Mulim followers these days where gender inequality stand as vital in any discussion about Islam. These issues include: the meaning of Islam, the belief in non-proved stories of Prophets and religious events which cannot be scientifically proved, the laws of gender equality, superiority of men over women and wife battering, polygamy, and divorce. ›Read

By: hasan yahya | 11/06/2009 | Culture

86.The Year 2014, World and USA Projection – Part I

This is part two of two. projections by futurists are many, short and long projections. In this articles the author includes local and regional and international projections for the USA, and world nations, In the second part, the author discusses Mother Nature and the political future in the Arab countries. >Read

By: hasan yahya | 11/06/2009 | Environment

87.Defending Arab and Muslim women! Part Four

This is part four of of five. In defending Several Issues concerning Arab and Muslim Women are presented, for example: Cruel punishment and women and Accusations of Arab Societies of treating women differently from women when it comes to adultery, parenting, divorce, honor-killing and love stories. >Read

By: hasan yahya | 11/06/2009 | Women's Issues

88.Defending Arab and Muslim women! Part Three

This is part three of of five. In defending Several Issues concerning Arab and Muslim Women are presented, for example: Cruel punishment and women and Accusations of Arab Societies of treating women differently from women when it comes to adultery, parenting, divorce, honor-killing and love stories. >Read

By: hasan yahya | 11/06/2009 | Women's Issues

89.Defending Arab and Muslim women! Part Two

This is part two of of five. In defending Several Issues concerning Arab and Muslim Women are presented, for example: Cruel punishment and women and Accusations of Arab Societies of treating women differently from women when it comes to adultery, parenting, divorce, honor-killing and love stories. >Read

By: hasan yahya | 11/06/2009 | Women's Issues

90.Defending Arab and Muslim women! Part One
This is part one of of five. In defending Several Issues concerning Arab and Muslim Women are presented, for example: Cruel punishment and women and Accusations of Arab Societies of treating women differently from women when it comes to adultery, parenting, divorce, honor-killing and love stories. ›Read
By: hasan yahya | 11/06/2009 | Women's Issues

91.Commentary On a Human Rights (UDHR) Speech–Part V
This is part five of five. A reflection commentary on H.E. OIC Secretary's Speech On Human Rights (UDHR). The writer explains points about in the speech and suggested other practical ideas to solve the Arab and Muslim struggle status in modern globalization. Several examples and theories to explain these practical ideas are given. To complete understanding, readers are recommended to read the author's articles on the subject: The Core Logic for Arab and Muslim World - Articlesbase site too. ›Read
By: hasan yahya | 10/06/2009 | Strategic Planning

92.Commentary On a Human Rights (UDHR) Speech–Part IV
This is part four of five. A reflection commentary on H.E. OIC Secretary's Speech On Human Rights (UDHR). The writer explains points about in the speech and suggested other practical ideas to solve the Arab and Muslim struggle status in modern globalization. Several examples and theories to explain these practical ideas are given. To complete understanding, readers are recommended to read

the author's articles on the subject: The Core Logic for Arab and Muslim World - Articlesbase site too. ›Read

By: hasan yahya | 10/06/2009 | Strategic Planning

93.Commentary On a Human Rights (UDHR) Speech–Part III

This is part Three of five. A reflection commentary on H.E. OIC Secretary's Speech On Human Rights (UDHR). The writer explains points about in the speech and suggested other practical ideas to solve the Arab and Muslim struggle status in modern globalization. Several examples and theories to explain these practical ideas are given. To complete understanding, readers are recommended to read the author's articles on the subject: The Core Logic for Arab and Muslim World-Articlesbase site too. ›Read

By: hasan yahya | 10/06/2009 | Strategic Planning

94.Commentary On a Human Rights (UDHR) Speech–Part III

This is part one of five. A reflection commentary on H.E. OIC Secretary's Speech On Human Rights (UDHR). The writer explains points about in the speech and suggested other practical ideas to solve the Arab and Muslim struggle status in modern globalization. Several examples and theories to explain these practical ideas are given. To complete understanding, readers are recommended to read the author's articles on the subject: The Core Logic for Arab and Muslim World on Articlesbase site too. ›Read

By: hasan yahya | 10/06/2009 | Strategic Planning

95.Commentary On a Human Rights (UDHR) Speech–Part II

This is part two of five. A reflection commentary on H.E. OIC Secretary's Speech On Human Rights (UDHR). The writer explains points about in the speech and suggested other practical ideas to solve the Arab and Muslim struggle status in modern globalization.

Several examples and theories to explain these practical ideas are given. To complete understanding, readers are recommended to read the author's articles on the subject: The Core Logic for Arab and Muslim World on Articlesbase site too. ›Read

By: hasan yahya | 10/06/2009 | Strategic Planning

96.Commentary On a Human Rights (UDHR) Speech–Part I

This is part one of five. A reflection commentary on H.E. OIC Secretary's Speech On Human Rights (UDHR). The writer explains points about in the speech and suggested other practical ideas to solve the Arab and Muslim struggle status in modern globalization. Several examples and theories to explain these practical ideas are given. To complete understanding, readers are recommended to read the author's articles on the subject:The Core Logic for Arab and Muslim World on Articlesbase too. ›Read

By: hasan yahya | 10/06/2009 | Strategic Planning

97.Sexual Art Intimacy in Action: Unforgettable Memories - IV

This is the last of Four unforgettable moments of sexual intimate memories between lovers, young and old where people forget everything around them except breathing face to face to each other, and concentrate on one only volcanic mutual feelings. ›Read

By: hasan yahya | 10/06/2009 | Sexuality

98.Sexual Art Intimacy in Action: Unforgettable Memories - III

This part Three of four unforgettable moments of sexual intimate memories between lovers, young and old where people forget everything around them except breathing face to face to each other, and concentrate on one only volcanic mutual feelings. ›Read

By: hasan yahya | 10/06/2009 | Sexuality

99.Sexual Art Intimacy in Action: Unforgettable Memories - II

This part Two of four unforgettable moments of sexual intimate memories between lovers, young and old where people forget everything around them except breathing face to face to each other, and concentrate on one only volcanic mutual feelings. ›Read

By: hasan yahya | 10/06/2009 | Sexuality

100.Sexual Art Intimacy in Action – Unforgettable Memories - I

This part One of four unforgettable moments of sexual intimate memories between lovers, young and old where people forget everything around them except breathing face to face to each other, and concentrate on one only volcanic mutual feelings. ›Read

By: hasan yahya | 10/06/2009 | Sexuality

101.The Core of Logic for Arab and Muslim World – Part II

The second part of an article about philosophical concepts help initiating civilization and progress in terms of combining philosophical propositions discussed previousely by many philosophers, such as Aristotla, Averroes, Avecina, and others. ›Read

By: hasan yahya | 09/06/2009 | Strategic Planning

102.The Core of Logic For Arab and Muslim World – Part I

This is two parts articles on philosophy and its position in taking off encouraging factor to rise civilization as it did in Europe and the west. ›Read

By: hasan yahya | 09/06/2009 | Strategic Planning

103.The Traveler's Imagination – A Short Story!

Another short story for the author. This time take us into travelling adventure again but not without danger and risk.. >Read

By: hasan yahya | 09/06/2009 | Fiction

104.Margaret in Istanbul - A Short Story!

A short story about traveler's adventures abroad. It's a love ,sex, and intimacy story reflects bold steps from a young woman. >Read

By: hasan yahya | 09/06/2009 | Fiction

105.Gods on Earth, God in Heaven - A Short Story

A short story about love and trust which is not always cherished by some. This story describes some situations between Boy-Girld friend relationships. >Read

By: hasan yahya | 09/06/2009 | Fiction

106.Best Strategies for Successful Life!

Marraiage, love and happiness are sometimes ranked as number one in life in many countries and cultures. The reader will benefit from the best strategies and rules to claim happiness in life, love and marriage. >Read

By: hasan yahya | 09/06/2009 | Strategic Planning

107.Principles of Books Review

Book review is an art, comes in various ways. several factors influence the good or bad book reviews. The author gives six principles of douing a sound and effective book review. >Read

By: hasan yahya | 09/06/2009 | Book Reviews

108.Sinimmar's Reward – A Short Story

An old story from the Arab literature about an engineer designed a sceure palce and expected valuable reward,His smartness led him to a horrible ending. ›Read

By: hasan yahya | 09/06/2009 | Humor

109.Is Muslims Loyalty is Doubtful in Western Nations?

The author deiscusses some findings according to Gallop Pull research on Europe [Britain, Germany and France] As a social sacientist he described the assimilation process and integration to the host society as integral parts of loyalty and understanding. ›Read

By: hasan yahya | 14/05/2009 | Strategic Planning

110.Is Government Money wasted Outside USA on Gays Behavior Project?

This article wandering about the Fox News story about the government researchers spent US$ 400,000 on gays risky sexual behavior while drunk in six bars in Buenos Aires, Argentina. The story says: The National Institutes of Health are paying researchers that amount to answer the question: why gay men engage in risky sexual behavior while drunk -- and just what can be done about it? It is also wandering why the research was done abroad, while it was possible to be executed on USA soil? ›Read

By: hasan yahya | 08/05/2009 | Strategic Planning

111.Personalities Changed History: Ibn Rushd-Averroes!

This topic was under persons I admire most, under this title the author was fond of the Muslim Philosopher Ibn Rushd, known as Averroes in the western literature. The great ideas of Ibn Rushd were ignored, his books were burned in his life,for many history

149

researchers, his thoughts were the seedbed for western civilization. ›
Read

By: hasan yahya | 23/04/2009 | Culture

112.Arab and Muslims in North America-Part Two

This is part two of a paper about Arabs and Muslims in North
America, was part of the author's first dissertation on factors
influence Muslim Student Satisfaction in life and quality of life.
Good for race relations, history and and sociology. The research was
made in 1986. ›Read

By: hasan yahya | 23/04/2009 | Culture

113.Arab and Muslims in North America-Part One

This is part one of a paper about Arabs and Muslims in North
America, was part of the author's first dissertation on factors
influence Muslim Student Satisfaction in life and quality of life.
Good for race relations, history and and sociology. The research was
made in 1986. ›Read

By: hasan yahya | 23/04/2009 | Culture

114.Thank You Mr. President, Muslims Appreciate Barack Obama, Boycotting the UN – Conference on Justice? A Comment on the News!

This article shows lack of wisdom in taking decisions about the UN
conference for justice, described by the L.A Times as a racism
conference. It reflects personal feeling toward "boycotting" the
conference from certain Western nations. The author believes that
such "boycott" hurts the US in the strategic diplomacy in the long
run, while the US tries to build bridges with Muslim world. ›Read

By: hasan yahya | 20/04/2009 | Strategic Planning

115.Are You an Expert in Women's Language? Test Yourself!

This is number 121 article I published at articles.base. If you don't laugh, you are not a fool, but need help, for sure! If you ONLY smile, while reading, you are a serious man, if you say: No! this is exaggeration, then you don't know what do that mean? Any way, enjoy reading, you may share with friends-Boy or-Girl, or spouses. We have to explore gays language as well! I am ignorant in their language, they may have sign language, I don't know! ›Read

By: hasan yahya | 20/04/2009 | Humor

116.The Conept of Reasoning, West and East in Modern Times! Part Two!

This is part two of the article. Logical reasoning took from many writers across history. In moder times,however, and after 9/11 many things changed. The articles discusses some issues of concern. Good to share and circulate. ›Read

By: hasan yahya | 20/04/2009 | Culture

117.The Conept of Reasoning, West and East in Modern Times! Part One!

This is part one of the article. Logical reasoning took from many writers across history. In moder times,however, and after 9/11 many things changed. The articles discusses some issues of concern. Good to share and circulate. ›Read

By: hasan yahya | 20/04/2009 | Culture

118.Censorship and Cultural Actions in the Muslim and Arab World!

How religions perceive knowledge censorship. This article takes the topic in comparative analysis of different cultures take certain actions. Good to share and circulate Free. ›Read

By: hasan yahya | 20/04/2009 | Culture

119.Strucures of Human Knowledge In Islam!

Knowledge may be obtained from various resources, in Islam however,knowledge took a large debate among Muslim philosophers, such as al-Farabi, Ibn Sina, al-Ghazali and Ibn Rushd (Averroes). Good to know something new, and good to share. ›Read

By: hasan yahya | 19/04/2009 | Culture

120.Muslim Dignity at Stake, in Recent Times!

Muslims today are accused of anything bad happened in this world. Attacks comes from the west and east, and also from Muslims themselves. But Islam finds its way! Good to read, share, and circulate Free. ›Read

By: hasan yahya | 19/04/2009 | Culture

121.Freedom and Actions In the Palestinian-Israeli Conflict!

Freedom and action among Palestinian lacks genuin support. Such support is in theory is effective but in reality it destroys Palestinian cause. Good to debate and share. ›Read

By: hasan yahya | 19/04/2009 | Culture

122. Power Sources of Jihadists in the Muslim World

Jihadist power is perceived to be more powerful than technology and physical power of other sides. Such perceptions bring disasteous result upon them. Good to share and circulate. >Read

By: hasan yahya | 19/04/2009 | Culture

123. Islam Under Attack – Unpleasant Phenomenon in the West and East

After 9/11 Islam was under scrutiny, it was attacked by many writers in both east and west. However, some writing have logic, others were without any logic. In this article the author describes some writings on the issue. >Read

By: hasan yahya | 19/04/2009 | Culture

124. The Muslim World and the Logic of Organizations

While we see regional and international orgaganization formed in this world. This article explores the logic of organizations in the Muslim wotld.Wher to belong in the vast world organizations. Good to share. >Read

By: hasan yahya | 19/04/2009 | Culture

125. H.E Yusuf Al-Qaradawi On Secularism vs. Islam – Part VIII

This is part VIII. The last in of series of eight articles describes secularism vs Islam as Sheikh Yousu Al-Qaradawi see it from Islamic point of view. The author tries to show where Al-Qaradawi was misunderstanding the western secularism systems and mixing creationism with evolutionism, which are different from secularism. >Read

By: hasan yahya | 19/04/2009 | Culture

126.H.E Yusuf Al-Qaradawi On Secularism vs. Islam – Part VII

This is part VII. in of series of eight articles describes secularism vs Islam as Sheikh Yousu Al-Qaradawi see it from Islamic point of view. The author tries to show where Al-Qaradawi was misunderstanding the western secularism systems and mixing creationism with evolutionism, which are different from secularism. >Read

By: hasan yahya | 19/04/2009 | Culture

127.H.E Yusuf Al-Qaradawi On Secularism vs. Islam –Part VI

This is part VI. in of series of eight articles describes secularism vs Islam as Sheikh Yousu Al-Qaradawi see it from Islamic point of view. The author tries to show where Al-Qaradawi was misunderstanding the western secularism systems and mixing creationism with evolutionism, which are different from secularism. >Read

By: hasan yahya | 19/04/2009 | Culture

128.H.E Yusuf Al-Qaradawi On Secularism vs. Islam – Part V

This is part V. in of series of eight articles describes secularism vs Islam as Sheikh Yousu Al-Qaradawi see it from Islamic point of view. The author tries to show where Al-Qaradawi was misunderstanding the western secularism systems and mixing creationism with evolutionism, which are different from secularism. >Read

By: hasan yahya | 19/04/2009 | Culture

129.H.E Yusuf Al-Qaradawi On Secularism vs. Islam – Part IV

This is part IV. in of series of eight articles describes secularism vs Islam as Sheikh Yousu Al-Qaradawi see it from Islamic point of view. The author tries to show where Al-Qaradawi was misunderstanding the western secularism systems and mixing creationism with evolutionism, which are different from secularism. ›Read

By: hasan yahya | 19/04/2009 | Culture

130.H.E Yusuf Al-Qaradawi On Secularism vs. Islam – Part III

This is part III. in of series of eight articles describes secularism vs Islam as Sheikh Yousu Al-Qaradawi see it from Islamic point of view. The author tries to show where Al-Qaradawi was misunderstanding the western secularism systems and mixing creationism with evolutionism, which are different from secularism. ›Read

By: hasan yahya | 19/04/2009 | Culture

131.H.E Yusuf Al-Qaradawi On Secularism vs. Islam – Part II

This is part II. in of series of eight articles describes secularism vs Islam as Sheikh Yousu Al-Qaradawi see it from Islamic point of view. The author tries to show where Al-Qaradawi was misunderstanding the western secularism systems and mixing creationism with evolutionism, which are different from secularism. ›Read

By: hasan yahya | 19/04/2009 | Culture

132.H.E Yusuf Al-Qaradawi On Secularism vs. Islam – Part I

This is part I. in of series of eight articles describes secularism vs Islam as Sheikh Yousu Al-Qaradawi see it from Islamic point of view. The author tries to show where Al-Qaradawi was misunderstanding the western secularism systems and mixing creationism with evolutionism, which are different from secularism. ›Read

By: hasan yahya | 19/04/2009 | Culture

133.A Call for Shi'as and Sunnis Worldwide - Part Two

The article is the second part. It sends a call for both Sunnis and Shi'as to revise their relations as belonging to the same Islamic principles. It deals with reciprocal discrimination and accusations between the two factions, as well as other types of discrimination in the Muslim world. >Read

By: hasan yahya | 18/04/2009 | Culture

134.A Call for Shi'as and Sunnis Worldwide - Part One

The article is parts. It send a call for both Sunnis and Shi'as to revise their relations as belonging to the same Islamic principles. It deals with reciprocal discrimination and accusations between the two factions, as well as other types of discrimination in the Muslim world. >Read

By: hasan yahya | 18/04/2009 | Culture

135.Grand Knowledge, Globalization, & the Muslim World! - Part Eight

This is part eight in a series deals with three concepts, grand knowledge, globalization and the Future of the Muslim World. The eight parts cover several issues related to the title concepts. Part nine, however, summarizes the eight articles with more comparative cross-cultural analysis. >Read

By: hasan yahya | 17/04/2009 | Strategic Planning

136.Grand Knowledge, Globalization, & the Muslim World! - Part Seven

This is part seven in a series deals with three concepts, grand knowledge, globalization and the Future of the Muslim World. The eight parts cover several issues related to the title concepts. Part nine, however, summarizes the eight articles with more comparative cross-cultural analysis. ›Read

By: hasan yahya | 17/04/2009 | Strategic Planning

137.Grand Knowledge, Globalization, & the Muslim World! - Part Six

This is part six in a series deals with three concepts, grand knowledge, globalization and the Future of the Muslim World. The eight parts cover several issues related to the title concepts. Part nine, however, summarizes the eight articles with more comparative cross-cultural analysis. ›Read

By: hasan yahya | 17/04/2009 | Strategic Planning

138.Grand Knowledge, Globalization, & the Muslim World! - Part Five

This is part five in a series deals with three concepts, grand knowledge, globalization and the Future of the Muslim World. The eight parts cover several issues related to the title concepts. Part nine, however, summarizes the eight articles with more comparative cross-cultural analysis. ›Read

By: hasan yahya | 17/04/2009 | Strategic Planning

139Grand Knowledge, Globalization, & the Muslim World! - Part Four

This is part four in a series deals with three concepts, grand knowledge, globalization and the Future of the Muslim World. The eight parts cover several issues related to the title concepts. Part nine, however, summarizes the eight articles with more comparative cross-cultural analysis. >Read

By: hasan yahya | 17/04/2009 | Strategic Planning

140.Grand Knowledge, Globalization, & the Muslim World! - Part Three

This is part three in a series deals with three concepts, grand knowledge, globalization and the Future of the Muslim World. The eight parts cover several issues related to the title concepts. Part nine, however, summarizes the eight articles with more comparative cross-cultural analysis. >Read

By: hasan yahya | 17/04/2009 | Strategic Planning

141.Grand Knowledge, Globalization, & the Muslim World! - Part Two

This is part two in a series deals with three concepts, grand knowledge, globalization and the Future of the Muslim World. The eight parts cover several issues related to the title concepts. Part nine, however, summarizes the eight articles with more comparative cross-cultural analysis. >Read

By: hasan yahya | 17/04/2009 | Strategic Planning

142.Grand Knowledge, Globalization, & the Muslim World! - Part One

This is part one in a series deals with three concepts, grand knowledge, globalization and the Future of the Muslim World. The eight parts cover several issues related to the title concepts. Part nine, however, summarizes the eight articles with more comparative cross-cultural analysis. >Read

By: hasan yahya | 17/04/2009 | Strategic Planning

143.Rational Thinking in Research

Research methods on rational grounds lead to a valid result. This article deals logically with rational of doing research in social sciences especially sociology. The concept of perception also is covered. Good for higher education student to share and learn.. › Read

By: hasan yahya | 17/04/2009 | Philosophy

144.Charades & the Ulterior Motives! Part II. By Ghada Al-Harthy

This is part two of the article for Ghada Al-Harthy, it's a reflection of feelings to share with readers. Enjoy reading and share some productive ideas included for self motivation and self improvement. › Read

By: hasan yahya | 16/04/2009 | Motivational

145.Charades & the Ulterior Motives! Part I. By Ghada Al-Harthy

This is part one of the article for Ghada Al-Harthy, it's a reflection of feelings to share with readers. Enjoy reading and share some productive ideas included for self motivation and self improvement. › Read

By: hasan yahya | 16/04/2009 | Motivational

146.Logic of Knowledge and Rational Thinking in Sociology

Rationality, logic and reasoning belong to science and scientific studies. In this article, the author explains the difference between perceptions (cultural or personal) and facts reached by research reasoning methodologies. Good to share and circulate. ›Read

By: hasan yahya | 16/04/2009 | Philosophy

147.A Story About the The Shiekh's Oil Agreement

A story telling about an Arab sheikh generosity deal for oil production. An agreemnet reached but, hay! what was the deal? The author in humorous style gives details of the conversations stimulate thinking.However, this is not to be generalized to all Oil, shiekhs in the Middle East. It is only an ecdote. >Read

By: hasan yahya | 16/04/2009 | Humor

148.I am not a Jew! I am an Arab, Palestinian, and Muslim! Why Media Bother to Invite Me?

The author describes an imaginary converstation with a friend about inviting him to a TV show in America. In his anecdote he brings some facts might satisfy may be Jews as well as Arabs in the United States and Abroad. >Read

By: hasan yahya | 16/04/2009 | Humor

149.Management Theories - IV, Analysis of X, Y and Z and C. Theories

This is part four in the series of Management Theories. It describes, discuss, and anlyze four theories of management. Knowledge of these theories help students(graduate and undergraduate) to understand an apply these theories at their work. Good to share and circulate FREE. >Read

By: hasan yahya | 16/04/2009 | Management

150.Management Theories – III, X,Y,Z, and C. Theories

This is part three of Management Theories. It describes, discuss, and anlyze four theories of management. Knowledge of these theories help students(graduate and undergraduate) to understand an apply these theories at their work. >Read

By: hasan yahya | 16/04/2009 | Management

151.Management Theories-II, System and Chaos Management Theories

This part two on management theories. It covers system and chaotic management theories in the field. It shows assumptions and principles of the two theories and how to implement them in administration and leadership. In the next, X, Y, Z, and C will be covered. ›Read

By: hasan yahya | 16/04/2009 | Management

152.Management Theories - Part I, Contingency Management Theory

The article is the second on Management followed Project Management, It introduces Management theories X, Y, Z, C. and chaotic theories In this part it describes Contingenecy Management Theory in history. ›Read

By: hasan yahya | 16/04/2009 | Management

153.Project Management Theory and Practice!

This is an article among five articles deal with management theories. Project Management (PM) is a dynamic professional career joined by smart with high IQ teset scores. The article defines the concept and describe its application at work. Good to read and share to friends. ›Read

By: hasan yahya | 16/04/2009 | Project Management

154.Police Officers Have Hearts, and Fall in Love Too!

A story of love relations follows a trafic violation, between a police officer and pretty girl. After the first meeting, she felt of his smile. when he suggested his phone number, she did not mind, after one year they got marries. ›Read

By: hasan yahya | 16/04/2009 | Humor

155.My destiny! My Choice! By: Ghada Al-Harthy

This article for a talented young writer in Dubai UAE, I knew her by chance through a friend on Face Book. I liked what she wrote in her notes, I promised her to help publication of her writings on articlesbase. She agreed. Good to see how young people in the Middle East think and describe fears beside hopes. (hasan Yahya-Article 81) >Read

By: hasan yahya | 16/04/2009 | Motivational

156.Learning, Leadership and Problem solving: Life Through games. Part Six

This article is the last part of the six parts series about using games in the classrooms, in any school level, elementary, middle, high school, under graduate or graduate level. Using games in the process of learning help certain skills, such as: leadership, problem solving, and critical thinking. Good for teachers, parents, and parties. Good to share. >Read

By: hasan yahya | 12/04/2009 | Motivational

157.Learning, Leadership and Problem solving: Life Through games. Part Five

This articles is part five of six parts series about using games in the classrooms, in any school level, elementary, middle, high school, under graduate or graduate level. Using games in the process of learning help certain skills, such as: leadership, problem solving, and critical thinking. Good for teachers, parents, and parties. Good to share. >Read

By: hasan yahya | 12/04/2009 | Motivational

158.Learning, Leadership and Problem solving: Life Through games. Part Four

This articles is part four of six parts series about using games in the classrooms, in any school level, elementary, middle, high school, under graduate or graduate level. Using games in the process of learning help certain skills, such as: leadership, problem solving, and critical thinking. Good for teachers, parents, and parties. Good to share. ›Read

By: hasan yahya | 12/04/2009 | Motivational

159.Learning, Leadership and Problem solving: Life Through games. Part Three

This articles is part three of six parts series about using games in the classrooms, in any school level, elementary, middle, high school, under graduate or graduate level. Using games in the process of learning help certain skills, such as: leadership, problem solving, and critical thinking. Good for teachers, parents, and parties. Good to share. ›Read

By: hasan yahya | 12/04/2009 | Motivational

160.Learning, Leadership and Problem solving: Life Through games. Part Two

This article is part two of six parts series about using games in the classrooms, in any school level, elementary, middle, high school, under graduate or graduate level. Using games in the process of learning help certain skills, such as: leadership, problem solving, and critical thinking. Good for teachers, parents, and parties. Good to share. ›Read

By: hasan yahya | 12/04/2009 | Motivational

161.Learning, Leadership and Problem solving: Life Through games. Part One

This article is part one of six parts series about using games in the classrooms, in any school level, elementary, middle, high school,undergraduate or graduate level. Using games in the process of learning help certain skills, such as: leadership, problem solving, and critical thinking.Good for teachers, parents, and parties. Good to share. >Read

By: hasan yahya | 12/04/2009 | Motivational

162.Philosphical Argument with a Friend about Ad hominem and Frankfurt School

This article is a reply to a friend about two philosophical concepts: Adhomeinem and Frankfrot School. It is an argument about logic and defending ones ideas on the basis of what you read rather than who writes. In many cases, people judge other people on false standards. Farnkfort School is an intellectual school depends on logic and common sense. Good to read and know something new, and good to share. >Read

By: hasan yahya | 12/04/2009 | Philosophy

163.Petition of Ignorance: Banning of Islam

This article is a response to a petition for banning Islam, issued two months ago, insulting Islam and the Prophet of Islam (pbuh). The author defuses the ideas in the racist petition, and shows the ignorance of the petitioners in a logical way. It is good to read for Muslims, Christians and Jews, it is an immoral petition. Americans will be the judge. Such petitions incite begotry and ignorance. The article is Good to share with friends. >Read

By: hasan yahya | 12/04/2009 | Culture

164.Professional Answer to Stress problem

Dr. Yahya received a message from a person under stress, fear and anxiety. For his experience and publications on the subject he gives his professional answer. It's goo to read and share. Because many people forget their responsibility towards life obligation. >Read

By: hasan yahya | 01/04/2009 | Stress Management

165.Sociology of 9/11 and Islamists Goals -Part Two

An analysis of 9/11 causes and consequences as related to Islamists goals. It is the first time the subject is discussed sociologically. Good article. >Read

By: hasan yahya | 01/04/2009 | Causes & Organizations

166.Sociology of 9/11 and Islamists Goals- Part One

An Analysis to 9/11 causes and consequences and the Islamists goals in the Arab and Muslim countries. This the first time the subject is taken from sociological point of view. >Read

By: hasan yahya | 01/04/2009 | Causes & Organizations

167.Hamas is not a terrorist organization. Period

An article with appeal to replace Hamas's terrorist stigma as classified by the US Congress and the EU by the opposite. It is believed that Hamas is a political faction and represent a large number of the Palestinians, which gives her the ability to rule under international communal systems. The writer's purpose is to change the negative image of American strategic influence of USA abroad especially among Arab and Muslims. >Read

By: hasan yahya | 30/03/2009 | Negotiation

« Previous | 56789 | **10** | 11121314 | Next »

168.The President of Sudan, Omer al-Bashir Was Arrested Last night. Believe it or Not!

The article assumed the arrest of president Omer al-Bashir is iminent and acually happened, the president was hijacked and arrested. Hypothetically, media reaction on al-Jazeerah, BBC and CNN will be expected, the reactions are assumed locally, regionally, and globally, in the last analysis it is a rumor, yet. Read

By: hasan yahya | 29/03/2009 | Strategic Planning

****

******

**

*